Library of
Davidson College

LE DEVENIR ET LA CONSCIENCE
COSMIQUE CHEZ SAINT-EXUPÉRY

Pierre Nguyen-Van-Huy

Studies in French Literature
Volume 8

The Edwin Mellen Press
Lewiston/Queenston/Lampeter

Library of Congress Cataloging-in-Publication Data

Nguyen-Van-Huy, Pierre.
    Le devenir et la conscience cosmique chez Saint-Exupery / Pierre Nguyen-Van-Huy.
        p.   cm. -- (Studies in French literature ; v. 8)
    ISBN 0-7734-2912-3
    1. Saint-Exupéry, Antoine de, 1900-1944--Criticism and interpretation. 2. Existentialism in literature. 3. Cosmology in literature. I. Title. II. Series: Studies in French literature (Lewiston, N.Y.) ; v. 8.
PQ2637.A274Z78   1995
848'.91209--dc20   94-38773
                                                                  CIP

```
This is volume 8 in the continuing series
Studies in French Literature
Volume 8 ISBN 0-7734-2912-3
SFL Series ISBN 0-88946-572-X
```

A CIP catalog record for this book is available from the British Library.

Copyright © 1995 The Edwin Mellen Press

All rights reserved. For information contact

The Edwin Mellen Press   The Edwin Mellen Press
Box 450   Box 67
Lewiston, New York   Queenston, Ontario
USA 14092-0450   CANADA L0S 1L0

The Edwin Mellen Press, Ltd.
Lampeter, Dyfed, Wales
UNITED KINGDOM SA48 7DY

Printed in the United States of America

TABLE DES MATIERES

Introduction 1
I - Courrier Sud 33
II - Vol de Nuit 45
III - Terre des Hommes 55
IV - Pilote de Guerre 67
V - Lettre à un Otage 81
VI - Le Petit Prince 91
VII - Citadelle 105
VIII - Un Résumé symbolique: Le Petit Prince 133
Conclusion 155
Bibliographie 173
Index 177

INTRODUCTION

L'Oeuvre de St.-Exupéry

"St.-Exupéry est l'homme qui peut nous sauver, nous dit Albert Einstein, parce qu'il est jeune et qu'il est complet. Il est à la fois mathématicien et poète, l'homme de la technologie et de la philosophie... Il a commandé des hommes: il peut adapter l'homme à son invention, la machine..."[1] La popularité toujours croissante des oeuvres de St.-Exupéry, surtout celle de son petit chef-d'oeuvre, Le Petit Prince, semble indiquer cette influence grandissante de l'auteur, et confirmer ainsi la prédiction prophétique d'un génie.

L'oeuvre de St.-Exupéry est le résultat de sa vie, une conséquence de son expérience, car il n'écrit que ce qu'il a vécu. Son oeuvre est ainsi, partout et toujours, autobiographique, même et surtout *Le Petit Prince* qui commence et finit avec le "Je" de la première personne de l'auteur et constitue ainsi une sorte d'*A la Recherche du Temps perdu* de St.-Exupéry, ou de récit lyrique et biographique d'un sentimental, ou si l'on veut, de fragment d'un journal intime à l'Amiel.

L'essence de son oeuvre vient donc de son existence, comme le veut l'Existentialisme, mais sa quintessence vient de sa souffrance. On pourrait donc donner à son oeuvre le surnom de "Fleurs du Mal": "Mal" entendu ici non dans le sens de contraire du bien, car l'auteur de Citadelle a dû déjà transcender le bien et le mal comme tous les couples dualistiques d'opposés,

---

[1]Paul Pimsleur, in C'est la Vie, Harcourt Brace Jovanovich, Inc., N.Y. 1976, p. 84.

fruits d'un état de conscience limitée, mais entendu dans le sens d'avoir mal, celui de la douleur transformatrice et alchimique baudelairienne:
"Je sais que la douleur est la noblesse unique
Où ne mordront jamais la terre et les enfers,
Et qu'il faut, pour tresser ma couronne mystique,
Imposer tous les temps et tous les univers".[2]

Son oeuvre a ainsi une double garantie de vérité et d'authenticité: celle de sa vie et celle de sa mort, car, comme en témoigne sa philosophie, il ne vit et n'écrit que de ce dont il meurt.

On a souvent appelé la philosophie de St.-Exupéry celle de l'action. Mais l'action, ou le "faire", ici, ne suit pas le long chemin indirect vers l'Etre en passant par l'avoir, comme chez l'auteur de *L'Etre et le Néant*: Faire pour avoir et avoir pour être. Chez St.-Ex., c'est faire pour être directement. On ferait donc mieux d'appeler cette philosophie celle de l'être, ou si l'on veut, celle de l'action créatrice de l'être. Car selon lui, faire, c'est se faire, et l'être chez l'homme est à créer: L'homme a en même temps la nécessité et la possibilité de créer l'être qu'il est par l'action par excellence, le sacrifice. Et comme cet être est l'Etre divin, ou la "semence" divine, on pourrait tout aussi bien appeler cette action créatrice de l'être, l'action recréatrice de Dieu: "Dieu est Vrai, nous dit-il, mais créé peut-etre parnous."[3]

"Pour être, il faut d'abord naître, nous dit St.-Exupéry, Et l'homme n'est pas encore né, s'il n'est pas né de lui-même", c'est-à-dire de son sacrifice suprême: philosophie de l'action, mais de l'action sacrificielle et créatrice de soi. Le salut de l'Homo sapiens ou l'homme doué de la conscience réfléchie ne peut plus venir d'ailleurs que de lui-même. Pour être, il faut se créer ou se sacrifier, créer et se sacrifier étant équivalents. Et paraphrasant Descartes. St.-Exupéry aurait pu dire: "Je me sacrifie, donc je suis". Ou iuivant l'auteur de *L'Etre et le Néant*, l"homme, l'être-pour-soi, doit devenir l'être-cause-de-soi. Entre l'être-pour-soi et l'être-cause-de-soi il y a donc le "Devenir", thème fondamental de l'oeuvre saint-exupérienne.

---

[2]La Bénédiction, Les Fleurs du Mal.

[3]Saint-Exupéry, Carnets, pp. 34-35.

Le Thème du devenir

"Tu cherches un sens à la vie, quand le sens est d'abord de devenir soi-même...," nous dit St.-Exupéry. Et ce thème du devenir comme sens de la vie est certainement le thème le plus important de tout son message philosophique. Un coup d'oeil rapide à travers les pages de cette somme philosophique de l'auteur qu'est *Citadelle* suffira à nous convaincre de l'omniprésence et de l'importance de ce thème. Nous y lisons par exemple, "Alors j'impose à l'homme de devenir autre...., et une fois devenu, comme il renie la larve qu'il découvre avoir été, comme il s'étonne de sa propre grandeur. (...) Je te le dis: il n'est point d'amnistie divine qui t'épargne de devenir. Tu voudras être: tu ne seras qu'en Dieu. (...) Où vois-tu qu'il s'agit d'acquérir et de posséder, quand il ne s'agit que de devenir, d'être enfin, et mourir dans la plénitude de sa substance? (...) Il faut devenir pour comprendre. (...) Et l'angoisse lui vient de ne point devenir. (...) Comment les hommes connaîtraient-ils leurs actes, s'ils n'ont durement gravi la montagne dans la solitude pour essayer de devenir dans le silence? (...) et certes, celui-là aime son sommeil et s'y roule: et cependant arrache-le à son bonheur et jette-le dehors afin qu'il devienne. (...) ... quand les temps pour toi seront révolus et quand il te sera permis d'être, ayant achevé de devenir. (...) Il s'agit pour toi de devenir autre et de gravir une montagne difficile ... (...) Car celui qui pourra comprendre est autre que toi et je dois d'abord l'appeler au jour. Je ne sais que te contraindre à devenir. (...) Vient l'heure où les choses anciennes reçoivent leur sens et qui était de te faire devenir. (...) Car il ne s'agit point de ceci ou de cela, mais de te faire devenir tel ou tel. (...) Ne te hâte point de me connaître, il n'est rien en moi à saisir. Je suis espace et temps où devenir. (...) car, oubliant de devenir, tu prétends marcher à ta propre rencontre. Et dès lors il n'est plus d'espoir. (...) Tu baignes dans le temps perdu, et t'assiège l'angoisse de ne point devenir. (...) Et je ne me lasserai point de devenir. (...) Car si j'ai trouvé ce que je cherche, j'ai achevé de devenir..."[4]

---

[4]*Citadelle*, in Oeuvres, Editions Gallimard 1959, pp. 636, 558, 598, 617, 618, 622, 633, 638, 639, 652, 689, 754, 793, 783, 799, 867, 889, 900, 902, 954, 978.

La Définition du devenir

"Que veut dire devenir?", aurait demandé le Petit Prince. "Devenir, c'est commencer à être ce qu'on n'était pas", nous dit le *Petit Larousse*. Et l'auteur de Citadelle ne l'entend pas autrement. Selon lui, devenir c'est changer d'état ou passer d'un état d'être à l'autre. Et ce passage ontologique est comparé à une naissance, un accouchement de soi-même. Laissons ici la parole à l'auteur: "C'est pourquoi je dirai non pas: "viens chez moi te faire tailler, ni réduire, ni même modeler," mais: "viens chez moi te faire naître à toi-même". (...) Je fus ainsi éclairé sur la fête laquelle est de l'instant où tu passes d'un état à l'autre, quand l'observation du cérémonial t'a préparé une naissance (...) Mais tu ne vas pas chaque jour, des années durant, te frottant les mains de ce qu'il soit né. Tu attendras, pour l'autre fête, tel changment d'état, comme il en sera du jour où le fruit de ton arbre se fera souche d'un arbre nouveau et plantera plus loin ta dynastie. (...) Où voyez-vous qu'il y ait lieu de désespérer? Il n'est jamais que perpétuelle naissance. (...) Ma charité est de l'accoucher de lui-même. (...) Je suis passage de l'arbre en voie de devenir marié pour la mer. Je suis en marche d'une fête vers l'autre. Père devenu et à devenir..."[5]

Le devenir ou ce changement ontologique est aussi comparé par l'auteur à une mue douloureuse avec toutes les conséquences et les souffrances qu'elle comporte: "C'est l'heure de la mue laquelle est toujours douloureuse, nous dit-il...Les matériaux de ma vie ou bien ils s'effondrent dans l'instant que leur clef de voûte s'en va, et c'est la souffrance de la mue, et comment la connaîtrais-je? Puisque c'est maintenant seulement que m'apparaît la clef de voûte véritable. (...) La chenille meurt quand elle forme la chrysalide. La plante meurt quand elle monte en graine. Quiconque mue connaît la tristesse et l'angoisse ... Quiconque mue n'est que cimetière et regrets. (...) Je ne puis que lentement, à force de contraintes et de souffrances, t'obliger de muer pour te faire devenir. (...) Suffit que la chenille se dévore elle-même dans la digestion de sa mue, et que tu franchisses ton désert. (...) Et commencent la digestion secrète et le silence et

---

[5]Ibid. pp. 653, 881, 907, 954, 955, 538.

la nuit aveugle de la chrysalide et le dégoût et le doute et le mal, car toute mue est douloureuse. (...) C'est alors qu'il me fut donné de comprendre quelque chose de l'angoisse des hommes, car ils se dèlèguent aussi, émigrant hors d'eux-mêmes de génération en génération. Et jour et nuit se poursuivent inexorables ... ces divisions comme d'un tissu de chair qui se déchire et se répare, et je sentis en moi comme j'eusse ressenti une blessure, le travail d'une mue lente et perpétuelle. (...) ... pour juger ta civilisation, je veux que tu me dises quelles sont tes fêtes ..., puisqu'elles sont instant de passage, porte franchie, éclosion de la chrysalide après la mue... Et tes contradictions sont celles de la mue, et tes déchirements et tes misères. Tu craques et te déchires. Et ton silence est du grain de blé dans la terre oú il pourrit afin de devenir."[6]

Et comme le devenir ou ce passage d'un état à l'autre est un passage en hauteur, vers un état d'être supérieur, l'auteur le compare encore à une ascension qui, tout comme la mue, est aussi douloureuse: "Mais toute ascension est douloureuse, nous dit-il. Toute mue est souffrance. Et je ne pénètre point cette musique, si d'abord je n'en ai souffert. (...) Mais le poème lui-même n'est ni cadeau, ni provision, mais ascension de soi-même (...) ... s'ouvrent bien au contraire les empires spirituels et t'éblouissent les apparitions qui sont non pour les yeaux, ni pour l'intelligence, mais pour le coeur et l'esprit, si tu fais effort d'ascension et accèdes à cet étage où ne sont plus les choses, mais les noeuds divins qui nouent les choses. (...) ... Moi, je ne connais rien qu'ascension de la terre dans le soleil."[7]

A cause de ce caractère ascensionnel, devenir veur dire aussi grandir ou croître: "Vous ne trouverez rien, nous dit l'auteur, si vous vous changez en sédentaires, croyant être provision faite, vous-mêmes parmi vos provisions, car il n'est point de provision et qui cesse de croître, meurt. (...) Pour se grandir, l'homme doit créer et non répéter.... Sachant que tout,

---

[6]Ibid. pp. 881, 954, 955, 907, 653, 538, 895,783,570, 671, 933, 931, 830, 705, 983.

[7]Ibid. pp. 610, 706, 748, 907.

même la forme de la carène, doit s'accroître et vivre et se transformer, sinon elle n'est plus que mort."[8]

Devenir veut dire aussi se transformer: "Car oubliant de devenir, nous dit l'auteur, tu prétends marcher à ta rencontre ... L'arbre, certes cherche les sucs du sol pour s'en nourrir et les transformer en soi-même. La bête, l'herbe qu'elle transforme en soi-même. Et toi aussi, tu te nourris. Mais hors ta nourriture, que souhaiteras-tu dont tu puisses toi-même faire usage? (...) Car tu ne peux donner que ce que tu transformes, comme l'arbre donne les fruits qu'il a transformés de la terre (...) Un spectacle n'est rien, tu ne peux vivre que de ce que tu transformes. Tu ne vis point de ce qui est entreposé en toi comme en un magasin. (...) Car tu n'es que voie et passage, et ne peux vivre réellement que de ce que tu transformes. L'arbre, la terre en branches, l'abeille, la fleur en miel... (...) Mais je ne vis que de ce que je transforme. Je suis véhicule, voie et passage."[9]

Et à cause de ce processus de transformation, devenir veut dire encore se métamorphoser, se créer, s'échanger ou se transfigurer: "Seigneur, dit l'auteur, pour celui-là qui gratte sa terre, plante l'olivier et sème l'orge, sonne l'heure des métamorphoses dont il ne saurait se réjouir, s'il achetait son pain chez le marchand. (...) car j'aime l'homme délivré par sa religion et vivifié par les dieux que je fonde en lui, afin qu'il se puisse échanger toujours contre plus vaste que soi...sachant que pour se grandir, l'homme doit créer et non répéter. (...) et ma rigueur n'a d'autre assise que son rôle. Elle est porte monumentale à travers laquelle les coups de fouet peut-être obligent le troupeau à passer pour qu'il mue et se transfigure."[10]

L'Objet du devenir: la conscience

Pourquoi devenir? Parce que selon St.-exupéry, l'homme n'est pas encore ce qu'il doit être, ou pour paraphraser Sartre, l'homme n'est pas ce qu'il est, et il est ce qu'il n'est pas. Il doit donc devenir autre qu'il n'est,

---

[8]Ibid. pp. 909, 586.

[9]Ibid. pp. 656, 591, 889, 904, 979.

[10]Ibid. pp. 952, 586, 558.

naître de nouveau ou se recréer pour être ce qu'il n'est encore qu'en potentialité: "Mais ne te fais point d'illusion, nous dit l'auteur, tel que tu es, tu es mort. Et tes contradictions sont celles de la mue, et tes déchirements et tes misères. Tu craques et te déchires. Et ton silence est du grain de blé dans la terre où il pourrit afin de devenir et ta stérilité est stérilité dans ta chrysalide. Mais tu renaîtras embelli d'ailes. (...) Car celui qui pourrait comprendre est autre que toi...(...) De même que tu ne croiras point aussi savamment que l'on te raisonne, quel homme naîtra de toi ou s'y réveillera, puisqu'il n'y est point encore."[11]

"Devenir autre" est donc une loi ontologique de l'homme: "Alors j'impose à l'homme de devenir autre, nous dit l'auteur, et plus détendu et plus clair et plus généreux et plus fervent, enfin uni à lui-même dans ses aspirations, et une fois devenu, comme il renie la larve qu'il découvre avoir été. (...) Sache que ta vérité se fera lentement, car elle est naissance d'arbre et non trouvaille d'une formule....car il s'agit pour toi de devenir autre et de gravir une montagne difficile. (...) Il ne s'agit point de ceci ou de cela, mais de te faire devenir tel ou tel...., j'userai de ceci ou de cela que je suggérerai ou j'énoncerai pour te faire autre devenir."[12]

Pour St.-Exupéry, l'homme fait partie intégrale de la création et c'est la partie la plus récente. Et cette création n'est pas encore achevée. Elle doit donc continuer son devenir ou son évolution: devenir, c'est évoluer: "Ce que nous sentons quand nous avons faim, nous dit l'auteur de *Terre des Hommes*, de cette faim qui poussait les soldats d'Espagne sous le tir vers la leçon de botaniqque, qui poussa Mermoz vers l'Atlantique Sud, qui pousse l'autre vers son poème, c'est que la genèse n'est point achevée et qu'il nous faut prendre conscience de nous-mêmes et de l'univers..."[13]

Et cette évolution suit un sens, une direction: toujours plus haut et toujours vers plus de conscience: "Ce qui se transmettait ainsi de génération en génération, nous dit l'auteur, avec le lent progrès d'une croissance d'arbre,

---

[11] Ibid.

[12] Ibid. pp. 558, 652, 799.

[13] Ibid. p. 258.

c'était la vie, mais c'était aussi la conscience. Quelle mystérieuse ascension! D'une lave en fusion, d'une pâte d'étoile, d'une cellule vivante germée par miracle nous sommes issus, et peu à peu, nous nous sommes élevés jusqu'à écrire des cantates et à peser des voies lactées...(...) Puisqu'il suffit, pour nous délivrer, de nous aider à prendre conscience d'un but qui nous relie les uns aux autres, autant le chercher là où il nous unit tous...Car celui-là qui veille modestement quelques moutons sous les étoiles, s'il prend conscience de son rôle, se découvre plus qu'un serviteur: Il est une sentinelle. Et chaque sentinelle est responsable de tout l'empire. Croyez-vous que ce berger-là ne souhaite pas de prendre conscience? (...) Quand nous prendrons conscience de notre rôle, même le plus effacé, alors seulement nous serons heureux. Alors seulement nous pourrons vivre en paix et mourir en paix, car ce qui donne un sens à la vie, donne un sens à la mort."[14]

L'évolution de la conscience

St.-Exupéry serait ici en accord avec Teilhard de Chardin dans sa vision de l'échelle de l'évolution: venu de la géosphère, puis de la biosphère, l'homme est maintenent le produit de la noosphère, ou sphère de la pensée et de la conscience. Et si l'on en croit Richard Maurice Bucke dans son étude de l'évolution de la conscience, cette dernière suit, comme tout ce qui évolue, la loi ternaire hégélienne d'ascension: thèse, anti-thèse et synthèse, ou unité, dualité et unité supérieure, ou encore, union, séparation et réunion. Nous avons ainsi, selon Bucke, trois phases ou degrés de conscience: la conscience simple, la conscience réfléchie ou conscience du moi, et la conscience cosmique.[15]

La conscience simple

La conscience simple est l'état de conscience du premier degré. Elle existe chez les animaux et les petits enfants. Ceux-ci sentent ou savent, mais ne savent pas qu'ils sentent ou savent.: ils n'ont pas encore le pouvoir

---

[14]Ibid. pp. 258, 256.

[15]Richard Maurice Bucke, Cosmic Consciousness, E. P. Dutton and Company, New York, 25th printing, 1968.

réfléchi ou pouvoir du second degré de la conscience pour distinguer et séparer le monde en deux, celui du moi et celui du nom-moi, du sujet et de l'objet, du bien et du mal, en un mot, connaître le monde de la dualité. Ils se trouvent encore dans l'état d'unité et de simplicité: l'état paradisiaque du bonheur et de l'innocence, mais aussi de l'ignorance. C'est l'état d'avant la chute dans la dualité ou dans la conscience de la conscience.

La conscience réfléchie(ou la conscience de la conscience)

Bien entendu, il ne s'agit chez l'homme doué de raison que de deux dernières phases de l'évolution, celle de la conscience réfléchie et celle de la conscience cosmique selon Richard Bucke, ou conscience de nous-mêmes et conscience de l'univers selon St.-Exupéry, ou conscience du moi et conscience du Soi selon Jung, ou encore, conscience de notre propre identité et conscience de l'identité avec l'Etre divin selon Edgar Allan Poe.[16] Car l'homme a déjà dépassé la phase de la conscience simple pour se trouver maintenant dans celle de la conscience réfléchie tout en évoluant (dans la partie encore infime de l'humanité au moins) vers celle de la conscience cosmique.

La conscience réfléchie ou conscience du moi chez l'homme est à la fois un avantage et un handicap. Avantage, parce que l'homme, possédant cette conscience, a dépassé immensément l'animal et la petite enfance douée seulement de la conscience simple. L'homme non seulement sait, mais sait aussi qu'il sait. C'est-à-dire qu'il possède le pouvoir réfléchi ou du second degré pour non seulement savoir, mais aussi se savoir sachant. Avec cette conscience réfléchie, l'homme peut faire la distinction entre le moi et le non-moi, le sujet et l'objet. Il peut ainsi découvrir le nouveau monde de la dualité et celui des couples d'opposés, comme le bien et le mal, le jour et la nuit, le ying et le yang... Cette conscience réfléchie est un outil merveilleux pour notre fonction logique et analytique, l'invention intellectuelle et scientfique: Elle est la mère de notre civilisation moderne, de l'âge des lumières et de la haute technologie dont nous sommes si fiers.

---

[16] Edgard Allan Poe, Eureka, p. 314.

Mais cette belle médaille a aussi son revers: instrument d'analyse et d'invention scientifique, la conscience du moi est en même temps source de ces sentiments de séparation et d'isolation, d'angoisse et de solitude humaine...qui "chargent de leur poids notre existence brumeuse", comme s'en est déjà plaint le poète. C'était avec cette conscience de séparation que l'homme a fait sa chute soi-disant originelle: Chute de l'unité et de la simplicité primordiale et paradisiaque de l'innocence et de l'enfance dans la dualité et la multiplicité de la conscience adulte. L'homme est ainsi chassé de ce monde unitaire qu'est le paradis terrestre de la conscience simple pour faire face à un monde divisé et étranger de la conscience réfléchie, avec son moi séparé et isolé, nu et sans défense, face à tous les "autres", les non-moi: il est donc en enfer, un enfer sartrien, car, pour Sartre, "l'enfer, c'est les autres"! C'est dans cet enfer que l'homme ou le Pour-soi sartrien se sent, ontologiquement, comme un vide, un manque ou un trou que rien ne pourra jamais remplir, hors la plénitude de l'Etre-cause-de-soi ou Dieu dans la conscience cosmique.

Un autre handicap de la conscience réfléchie est le danger de l'inflation du moi et de son intelligence analytique: Fasciné par la découverte de son moi et de son intelligence comme autant de cadeaux tout nouveaux donnés par la Nature au matin de l'évolution, l'homme de la conscience réfléchie voit le monde sous l'éclairage dualistique et égocentrique de son intelligence et de son moi, et fait tout tourner, ciel et terre, autour de ces deux centres polaires. Sa vision du monde comme ses conceptions politiques, philosophiques et même mystiques et religieuses sont entâchées de ces couleurs dualistiques et égocentriques.[17] Toute sa vie est ainsi gouvernée par ces deux tyrans que sont le moi et son intelligence analytique, vrais usurpateurs du pouvoir légitime et bienfaiteur du Soi et de l'unité que pourrait seule lui faire découvrir, dans l'avenir, sa conscience cosmique.

---

[17]Nous pensons ici à l'idée de l'union mystique tout en sauvegardant l'identité et la différence du moi, comme chez Teilhard de Chardin, par exemple: "L'union différencie", dit-il. Vive donc la différence!

D'un bout à l'autre de son oeuvre, St.-Exupéry ne cesse de dénoncer les conséquences et les souffrances de cet état de conscience limitée, les sentiments d'angoisse et de solitude, d'étouffement et d'emprisonnement, les tyrannies du moi et la faillite de la raison ou de l'intelligence logique: "Quelle hâte, quelle inquiétude! Lit-on déjà au début de *Courrier Sud*. "Touché par quelque angoisse, incapable de souffrir seul, il faisait partager cette angoisse...(...) Il en souffrait seul, on est toujours seul dans la vie...(...) Ah! quelque chose pour le sauver d'une inquiétude si humaine! (...) Il connut pourtant cet étouffement, nous l'avons tous connu. Peu à peu pendant le retour, un paysage se bâtissait déjà autour de lui comme une prison."[18]

La solitude est aussi le drame vécu du *Petit Prince*: "Soyez mes amis, je suis seul!", dit'il à tout hasard, face à la montagne solitaire. Et l'écho ne fait que répéter et amplifier encore davantage ce cri de solitude à travers l'immensité du désert: "Je suis seul, je suis seul, je suis seul!" Mais c'est surtout dans *Citadelle* que le Roi Berbère doit se donner comme devoir de trouver un remède à cette maladie humaine: "...Tous pleins d'angoisse, nous dit-il, sachant que je les (les hommes) guérirai de cette angoisse, si je leur permettais ce don qui exige sacrifice et choix et oubli de l'univers...Puisqu'il est de mon rôle de me pencher sur l'angoisse des hommes dont j'ai décidé de les guérir...(...) Toujours seul, enfermé en moi en face de moi, et je n'ai point d'espoir de sortir par moi de ma solitude... La solitude, Seigneur, n'est fruit que de l'esprit infirme... Faites seulement que j'apprenne à lire. Alors, Seigneur, c'en sera fini de ma solitude..."[19]

Mais si l'homme souffre de l'angoisse et de la solitude, c'est à cause de sa fausse conception dualistique et égocentrique du monde. Il se voit et se veut différent, séparé des autres et supérieur aux autres. Il veut s'attribuer l'identité et l'immortalité personnelle. Nous lisons dans *Citadelle*: "Et te voilà condamné à crier: "Moi, moi, moi "dans le vide, ce à quoi il n'est point de réponse. (...) Ce refus d'être transcendés: "Moi, disent-ils, et ils se

---

[18]Oeuvres pp. 3, 16, 25, 28.

[19]Ibid. pp. 991, 514, 515, 530, 622, 708, 778.

frappent le ventre. Comme s'il était quelqu'un en eux, par eux: ainsi des pierres du temple qui diraient: "Moi, moi, moi"... (...) Je suis fatigué de moi qui suis lourd à porter, et qui ai besoin, pour entrer en Dieu, de me dévêtir de moi-même Il n'est point d'égoïsme vrai, mais mutilation. Et celui-là qui s'en va tout seul disant: "Moi, moi, moi"...il est comme absent du royaume. Ainsi la pierre du temple, ou le mot hors du poème, ou tel fragment de chair qui ne fait pas partie d'un corps. (...) Je n'ai que faire de moi, Seigneur et l'écho de mon propre plaisir me fatigue."[20]

L'auteur nous avertit aussi des limites et des dangers de l'intelligence logique qui, avec son système de raisonnement dualistique, emprisonne ou ruine les intuitions de l'esprit et les sentiments du coeur et de l'instinct supérieur: "La tentation, nous dit l'auteur de *Pilote de Guerre*, je connais en quoi elle consiste aussi bien qu'un Père de l'Eglise: être tenté, c'est être tenté, quand l'esprit dort, de céder aux raisons de l'intelligence...La démonstration est péremptoire. Toutes les démonstrations sont péremptoires. Mon intelligence approuvait, mais mon instinct l'emportait sur l'intelligence...Les intellectuels démontent le visage pour l'expliquer par les morceaux, mais ils ne voient plus le sourire. Connaître, ce n'est point démonter, ni expliquer. C'est accéder à la vision. (...)...la logique pure: ça ruine la vie de l'esprit. (...) Nous nous sommes trompés trop longtemps sur le rôle de l'intelligence. Nous avons failli crever en France de l'intelligence sans substance. Nous avons négligé la substance de l'homme...Ni l'intelligence, ni le jugement ne sont créateurs. Si le sculpteur n'est que science et intelligence, ses mains manqueront de génie...L'intelligence ne vaut qu'au service de l'amour."[21]

Et comme de bien entendu, l'éducation prônée par le Roi berbère de *Citadelle* est une éducation radicalement anti-intellectuelle: "Car me vint un jour la connaissance de ce que je ne pouvais pas me tromper, nous dit-il en effet, ayant appris que la logique est gouvernée par plus haut qu'elle...La logique est de l'étage des objects et non de celui du noeud qui les noue...Il

---

[20] Oeuvres. pp. 539, 683, 709, 921, 953.

[21] Ibid., p. 287.

n'est point de langage logique, car il n'est point non plus de filiation logique...et c'est pouquoi je te dis que l'esprit mène le monde et non l'intelligence...La raison n'est que la servante de l'esprit...La logique tue la vie..."[22]

Mais chez l'homme de la conscience réfléchie, les sentiments d'angoisse et de solitude, d'isolement et d'emprisonnment, les tyrannies du moi, tout comme la conception dualistique de la raison logique ont aussi une origine physique, celle de son corps dont le moi n'est que l'image passagère ou l'organe conscient créé par les engrammes nerveux: le corps et son monde physique, comme Poe nous en a déjà avertis, n'ont été créés que pour servir la cause de la multiplicité et de l'hétérogénéité. Au lieu de s'en détacher, l'homme s'identifie à son corps, et c'est de cette fausse identification que viennent ses souffrances: "L'épreuve, j'en faisais une épreuve pour ma chair, nous dit l'auteur de *Pilote de Guerre.* Je l'imaginais subie dans ma chair. Le point de vue que j'adoptais était celui de mon corps même. On s'est tant occupé de son corps! On l'a tellement habillé, lavé, soigné, rasé, abreuvé, nourri. On s'est identifié à cet enimal domestique. On l'a conduit chez le tailleur, chez le médecin, chez le chirurgien. On a souffert avec lui. On a crié avec lui. On a aimé avec lui. On dit de lui: c'est moi. Et voilà tout à coup que cette illusion s'éboule. On se moque bien du corps! On le relègue au rang de valetaille. Que la colère se fasse un peu vive, que l'amour s'exalte, que la haine se noue, alors craque cette fameuse solidarité...Ton corps est de toi, il n'est plus toi...Tu t'échanges. Et tu n'éprouve pas le sentiment de perdre à l'échange. Tes membres? Des outils. On se moque bien d'un outil qui saute, quand on taille... Le feu non seulement a fait tomber la chair, mais du même coup le culte de la chair. L'hommme ne s'intéresse plus à soi. Seul s'impose à lui ce dont il est. Il ne se retranche pas, s'il meurt: il se confond. Il ne se perd pas: il se trouve...Mon corps, je me fous bien de toi, je n'ai plus d'espoir, et rien ne me

---

[22]Oeuvres, pp. 707, 766, 778, 752, 826, 827, 985, 585.

manque!... Quand le corps se défait, l'essentiel se montre...Le corps? Un vieux cheval, on l'abandonne."[23]

Ainsi ces souffrances ne sont-elles que des conséquences d'un état de conscience limitée qui fait que l'homme s'identifie par erreur avec son corps, son moi, son intelligence logique et son état de dualité. Le seul remède à cet état de chose doit se trouver dans un degré de conscience supérieure. L'homme doit donc devenir encore plus conscient pour dépasser son état actuel et atteindre un état de conscience plus élevé où il ne se verra plus séparé ou isolé, mais uni et relié à tout et à tous dans l'unité universelle: l'état de la conscience cosmique, comme l'appelle Richard Bucke: Il y verra son "avenir, comme les cieux le font, agrandi dans l'infini sans fond", comme l'a souhaité Victor Hugo. L'homme, comme toute chose, subit cette loi ontologique du devenir. Il est graine pour devenir arbre, chenille pour devenir papillon. De la conscience simple il a évolué vers la conscience réfléchie, et il n'y a pas de raison pour qu'il s'arrête ici: Il doit maintenant dépasser sa concience réfléchie pour atteindre la dernière phase de conscience, celle de la conscience cosmique qui sera son seul salut.

Mais la graine ou la chenille devient arbre ou papillon inconsciemment ou biologiquement, tandisque l'homme, produit de la noosphère, doit tout faire avec sa conscience. Doué de la conscience réfléchie, il doit vouloir et choisir son devenir: Il doit se créer ou développer sa conscience par lui-même. Autrement dit, et pour emprunter l'expression sartrienne, l'homme, être-pour-soi, ne peut se sauver qu'en devenant l'être-cause-de-soi par son propre choix et sa propre création.

La Conscience cosmique

Qu'est-ce que la conscience cosmique? C'est le degré le plus haut de conscience où l'homme aura dépassé son état de conscience réfléchie ou de dualité pour réaliser son état de conscience d'unité ou de synthèse. Il s'y sentira, spirituellement, agrandi, comme dans l'infini, faisant partie de ce grand corps mystique ou cosmique dont il n'est qu'un membre infime, ou comme le dit le poète, qu'il "n'est qu'une parcelle de ce Tout marveilleux,

---

[23]Ibid. pp. 345, 346.

dont le corps est la Nature, et l'âme, Dieu".[24] Cette conscience supérieure va lui révéler que ce n'est pas lui qui vit, mais c'est l'univers ou Dieu qui vit en lui et à travers lui, et que la vie est une, unanime et divine. L'homme alors se verra identifié, non plus à son corps, son moi ou son intelligence logique, mais à cet Etre spirituel et divin dont il n'est qu'une manifestation partielle et passagère dans l'espace et dans le temps. C'est la conscience de notre identité avec l'Etre divin chez Edgar Poe, ou la conscience unanimiste chez Jules Romains, ou la conscience du Soi chez Jung, ou encore la conscience christique qui permettra à l'homme de dire comme le Christ: "Mon Père et moi sommes un". Avec sa conscience cosmique, l'homme va découvrir ainsi, en même temps que l'unité, la divineté de la vie. Il verra comme ces poètes mystiques, que "chaque fleur est une âme à la nature éclose, qu'un mystère d'amour dans le métal repose",[25] que "de l'Etre universel l'atome se compose, et que Dieu habite en tout et rien n'est peu de chose,"[26] et qu' "enfin sous le ciel, sur la terre, en tout lieu, tout est intelligent, tout vit, tout est un dieu."[26a] C'est comme l'a dit aussi Walter Hilton: "le degré le plus haut de la conscience mystique où la raison froide sera transformée en lumière et la volonté en amour, et où l'homme aura brisé l'écorce amère de la noix pour se nourrir de la douce amande."[26b] "

L'oeuvre de St.-Exupéry, après *Courrier Sud et Vol de Nuit*, c'est-à-dire après "l'apprentissage du devenir", est un grand témoignage d'un certain degré de cette conscience cosmique qu'il appelle "conscience de l'univers".[27] Elle lui fait voir qu'il n'est qu'une branche de de l'olivier ou de lavigne mystique, et lui fait goûter ainsi l'éternité: "Et si tu sais te découvrir branche

---

[24]Alexander Pope: "We are but parts of a stupendous Whole Whose body Nature is, and God the soul".(Notre traduction).

[25]Gérad de Nerval, Les Vers dorés.

[26]Victor Hugo, La Légende des Siècles.

[26a]Lamartine, Méditations poétiques.

[26b]Walter Hilton, The Scale of Perfection.

[27]Terre des Homes, in Oeuvres. p. 258.

balancée, bien accrochée à l'olivier, tu goûteras dans tes mouvements l'éternité. Et tout autour de toi se fera éternel. Eternelle la fontaine qui chante et a su abreuver tes pères, éternelle la lumière des yeux quand te sourira la bien-aimée, éternelle la fraîcheur des nuits. Le temps n'est plus un sablier qui use son sable, mais un moissonneur qui noue sa gerbe."[28]

L'homme st.-exupérien, à ce degré de conscience, se voit à l'échelle cosmique. Il découvre les liens ontologiques qui le relient à l'univers. Il se réalise que ce n'est pas lui qui vit et évolue, mais c'est l'univers qui vit et évolue en lui et à travers lui et qui lui fait sentir ainsi sa parenté universelle: "Nous voilà donc jugeant l'homme à l'échelle cosmique, nous dit l'auteur. Je ne sais pas ce qui se passe en moi. Cette pesanteeur me lie au sol quand tant d'étoiles sont aimantées. Une autre pesanteur me ramène à moi-même. Je sens mon poids qui me tire vers tant de choses!...Il n'est point d'individu seul. Qui s'en retranche, lèse une communauté. Qui est triste, attriste les autres...(...) Ainsi l'univers, à travers nous, prouvait sa bonne volonté. La condensation des nébuleuses, le durcissement des planètes, la formation des premières amibes, le travail gigantesque de la vie qui achemina l'amibe jusqu' à l'homme, tout avait convergé heureusement pour aboutir, à travers nous, à cette qualité du plaisir! Ce n'était pas si mal comme réussite...C'était comme si un sang invisible eût recommencé de circuler, renouant toutes choses dans un même corps, et leur restituant une signification...J'éprouvais une extraordinaire sensation de présemce...Et je sentais ma parenté.(...)...un certain miracle de ce soleil qui s'était donné tant de mal, depuis tant de millions d'années pour aboutir, à travers nous, à la qualité d'un sourire qui était assez bien réussi."[29]

Et au lieu de l'état de conflit et de dualité dont souffrait l'homme de la conscience du moi, ou de la conscience réfléchie, l'homme de la conscience cosmique jouit d'un certain accord, d'une certaine harmonie avec tout et tous: "Et nous étions d'accord, entre amis, nous dit l'auteur de *Lettre à un Otage*. Tu étais d'accord. J'étais d'accord. Les mariniers et la servante

---

[28]Oeuvres. p. 514.

[29]Oeuvres. pp. 172, 173, 174, 179, 397, 398, 401.

étaient d'accord. D'accord sur quoi?...Sur la signification de la vie? Sur la douceur de la journée? Nous n'eussions pas su, non plus, le dire. Mais cet accord était si plein, si solidement établi en profondeur, il portait sur une bible si évidente dans sa substance, bien qu'informulable par les mots, que nous eussions volontiers accepté de fortifier ce pavillon, d'y soutenir un siège, et d'y mourir derrière des mitrailleuses pour sauver cette substance-là."[30]

L'homme se voit ainsi "noeud de relations", liens", ou "liaison" qui relient les parties au tout: "car tu es noeud de relations, nous dit St.-Exupéry, et ton identité ne repose point sur ce visage, cette chair, ...mais sur telle construction qui à travers toi s'est bâtie...Qu'estce que la partie sans le tout? Qu'est-ce que la pierre sans le temple? Qu'est-ce que l'oasis sans le désert?...vous voilà défaits et disparates, et ne cherchant rien que vous-mêmes, et ainsi découvrant le vide, car vous êtes un noeud de relations et rien d'autre, et s'il n'est point de relations, vous ne trouverez en vous-mêmes qu'un carrefour mort...car tu es noeud de relations et rien d'autre. Et tu existes par tes liens. Tes liens existent par toi. Le temple existe par chacune des pierres. Tu enlèves celle-ci, il s'éboule."[31]

Les êtres et les choses individuelles perdent ici leur importance et leur raison d'être particulière pour devenir des éléments d'un tout, pour s'assembler et former des entités nouvelles, nouées par une certaine relation, un certain sens, un certain visage que l'auteur appelle "âme", "dieu", "divinité" ou "noeud divin qui noue les choses". Nous avons, par exemple, dans l'ordre ascendant, la maison, le village, le domaine, l'empire et enfin l'univers; et nécessairement, comme présence et force totalisante et unifiante de chacune des entités: le dieu de la maison, le dieu du village, du domaine, de l'empire et enfin Dieu de l'univers. Dieu, petit ou grand, relatif ou absolu, fini ou infini, étant le tout, n'est pas une formule abstraite, mais une relation concrète qui unifie et relie les parties ensemble pour leur donner une âme. Ainsi la maison n'est-elle pas seulement composée de ses pierres visibles, mais c'est un être vivant composé aussi de l'esprit et de l'amour invisible de

---

[30] Ibid. pp. 397, 398.

[31] Ibid. pp. 668, 710, 707, 709, 741.

ses haitants. Et même quand elle brûle ou quand elle est absente, l'image ou le visage ou l'âme ou la relation de la maison demeure toujours dans le coeur des hommes. Le temple n'est pas seulement composé de ses "vivants piliers", mais aussi du silence et de l'étendue spirituelle dont le tout ou l'être vivant qui les relie est invisible. Ainsi de l'univers: Il n'est pas seulement composé de ses "sphères étoilées", mais aussi de cette relation suprême qui les noue en un grand "Tout marveilleux dont le corps est la nature et l'âme, Dieu". On pourrait ici penser à l'enseignement du Christ: "Quand deux d'entre vous se réunissent et prient, je serai parmi eux".

"J'ai coutume de dire, lisons-nous dans Citadelle, que l'arbre est vrai lequel est une certaine ralation entre ses parties. Puis la forêt laquelle est une certaine relation entre les arbres. Puis le domaine...puis l'empire...puis Dieu lequel est une relation parfaite entre les empires et quoi que ce soit dans le monde. Dieu est aussi vrai que l'arbre, bien que plus difficile à lire...La seule démarche qui ait un sens, mais qui n'est point exprimable par les mots, car elle est de création pure ou de retentissement, est celle qui te fait passer de Dieu aux objets qui ont recu de Lui un sens, une couleur et un mouvement.[32]

L'homme voit ainsi que la vie est une, que c'est "un organisme qui évolue", et que pour lui, être, c'est "être de", vivre, c'est appartenir, et exister, c'est exister à travers: "Ce vide des êtres nous dit l'auteur de Citadelle, car ils sont vides, s'ils ne sont pas fenêtres ou lucarnes sur Dieu....Il te suffit d'oublier les paroles et le sens vain...pour retrouver Dieu à travers.(...) Je me déciderai à réveiller l'archange qui dort sous leur fumier. Car je ne les respecte pas, mais à travers eux, je respecte Dieu.(...)...ne servant que Dieu à travers...Ainsi celui-là qui aime tous les hommes à travers Dieu, aime infiniment plus chacun des hommes que celui qui n'en aime qu'un seul.(...) car tu serviras Dieu à travers...,à travers le dépositaire, tu as donné à Dieu. (...) Car autre est cet enfant qui n'est point d'un empire, et l'on n'embrasse plus Dieu à travers. (...) Ainsi chaque battement de ton coeur, chaque souffrance, chaque désir, chaque mélancolie du soir, chaque repas, chaque efffort de travail, chaque sourire, chaque lassitude au fil des jours, chaque

---

[32]Oeuvres. pp. 784, 826.

réveil, chaque douceur de t'endormir, ont sens du dieu qui se lit au travers. (...) Seigneur, s'égarerait-il à T'honorer de sa charité à travers les hommes, s'il Te contemplait? Quand le temple est bâti, je vois le temple, non les pierres."[33]

Car Dieu est le Tout, et les êtres et les choses ne sont que les parties qui Le composent. Pour symboliser Dieu, l'auteur emploie des noms collectifs et "unitaires" comme "temple" composé de ses pierres, "navire" composé de ses planches, "arbre" composé de ses branches, ou "empire" composé de ses domaines...: "Tu ne recevras point de signe, nous dit l'auteur de Citadelle, car la marque de la divinité dont tu désires un signe c'est le silence même. Et les pierres ne savent rien du temple qu'elles composent...Ni le morceau d'écorce, de l'arbre qu'il compose avec d'autres. Ni l'arbre lui-même, ou telle demeure, du domaine qu'ils composent avec d'autres. Ni toi de Dieu. Car il faudrait que le temple apparût à la pierre ou l'arbre à l'éncorce, ce qui n'a point de sens, car il n'est point pour la pierre de langage où le recevoir...Et je n'ai point d'espoir de sortir par moi de ma solitude. La pierre n'a point d'espoir d'être autre chose que pierre. Mais de collaborer, elle s'assemble et devient temple..."Il est temps, disaien-ils, que le temple serve les pierres". Et tous ils s'en allaient enrichis, pensaient-ils, de leurs morceaux de temple, mais dépossédés de leur part divine et devenus simples gravats! (...) Toi, l'homme qui as besoin d'aimer qui n'existes qu' à travers l'arbre qu'avec les autres tu composes...Seigneur, rattachez-moi à l'arbre dont je suis. Je n'ai plus de sens, si je suis seul. Qu'on appuie sur moi. Que j'appuie sur l'autre. Que tes hiérarchies me contraignent. Je suis ici defait et provisoire. J'ai besoin d'être."[34]

L'homme, comme le reste des êtres et des choses, n'est que la demeure ou le dépositaire de Dieu. Et comme il s'agit d'un Dieu qui passe ou qui évolue, qui va de Lui-même comme existence vers Lui-même comme essence, de Lui-même comme potentialité vers Lui-même comme réalité plénière, l'homme n'est que "véhicule, voie, charroi et passage" de Dieu en

---

[33] Oeuvres. pp. 645, 646, 551, 884, 641, 642, 712, 909, 978.

[34] Ibid. pp. 708, 709, 807, 869.

"pèlerinage" ou en "migration" ontologique de Lui-même vers Lui-même: "A travers le dépositaire, tu as donné à Dieu...Celle-là, je la reconnaissais comme dépositaire d'un héritage...Et voilà qu'elle devenait à mes yeux un tabernacle d'un diamant. (...) Mais je le soignerai à cause de Dieu. Car il est aussi demeure de Dieu. (...) Il ne s'agit point de moi. Je ne suis que celui qui transporte. Il ne s'agit point de toi: tu n'es que sentier vers les prairies au réveil du jour. Il ne s'agit point de nous: nous sommes ensemble passage pour Dieu qui emprunte un instant notre génération et l'use. (...) Ils cherchent à tirer leur plaisir des objets, quand il ne se tire que de la route qui se lit au travers...Je ne me trompe point sur les objets. Ils ne sont jamais qu'objets d'un culte...L'enfant lui-même leur devient un objet qu'ils ne saisissent point..., car il est chemin pour un Dieu que l'on ne saurait retenir. (...) De même la joie qui vaut pour l'homme, laquelle vient de te reconnaître tout à coup comme chemin, véhicule et charroi pour le conducteur des conducteurs."[35]

Et comme il n'y a qu'une seule vie, celle de Dieu, être, c'est être seulement en Dieu: c'est "en Lui que nous avons l'être, la vie et le mouvement", car tout est sorti de Dieu, tout s'achève, se fond et entre en Dieu:"...Dieu m'ayant sorti de Lui, sa gravitation m'y ramène", lisons-nous en effet dans *Citadelle*. "Je te le dis, il n'est point d'amnistie divine qui t'épargne de devenir. Tu voudrais être: tu ne seras qu'en Dieu. (...) Ce ne sont pas les matériaux qui s'organisent par hasard et font leur ascension dans l'arbre. Pour créer l'arbre, tu as jeté d'abord la graine où il dormait. Il est venu d'en haut et non d'en bas. (...) La seule démarche qui ait un sens...est celle qui te fait passer de Dieu aux objets qui ont reçu de Lui un sens. (...) Car né de Lui ne signifie point qu'il Lui ressemble. Ou plutôt je dis "ressemblance" quelque chose qui n'est ni pour tes yeux ni pour ton intelligence, mais pour ton seul esprit. Et c'est ce que je signifie, lorsque j'exprime que la création ressemble à Dieu, le fruit au soleil. (...) Faute de

---

[35]Ibid. pp. 678, 676, 642, 538, 868, 894, 683, 895.

connaître par les yeux une filiation qui n'a de sens que pour l'esprit, tu refuses les conditions de ta grandeur."[36]

Vivre c'est donc marcher lentement et patiemment vers Dieu. La vie? Un pèlerinage ou une migration ontologique: "Vous enseignerez le goût de la perfection, nous dit l'éducateur de Citadelle, car toute oeuvre est une marche vers Dieu. (...) Si tu veux grandir, use-toi contre tes litiges: ils conduisent d'abord vers Dieu. C'est la seule route qui soit au monde. (...)...nous, éternels nomades de la marche vers Dieu, car rien de nous ne nous peut satisfaire. (...) J'accepte la cruauté des nuits blanches, car je suis en marche vers Toi qui es énconcé, effacement des questions et silence. (...)...et ainsi t'éveiller le coeur et peu à peu t'enseigner cette marche vers Dieu qui seule peut te satisfaire, car de signes en signes, tu L'atteindras, Lui qui se lit au travers de la trame, Lui le sens du livre dont j'ai dit les mots, Lui la sagesse, Lui qui Est, Lui dont tu reçois tout en retour, car d'étage en étage Il te noue les matériaux afin d'en tirer leur signification, Lui le Dieu qui est dieu aussi des villages et des fontaines."[37]

Et enfin mourir, c'est seulement se dévêtir de soi-même, ou c'est s'achever, entrer, se confondre ou se fondre en Dieu: fondre entendu ici dans le sens du lexique, celui de "combiner plusieurs choses en un tout", ou dans le sens alchimique de se dissoudre pour coaguler de nouveau, "solve et coagula": "Ta pyramide n'a pas de sens, si elle ne s'achève en Dieu, nous dit encore l'éducateur de Citadelle. (...) Si tu avais trouvé Dieu, tu te fondrais en Lui, désormais accompli. (...) Et voici que tu ne peux même plus mourir, car mourir c'est perdre. Et abandonner en arrière. Et il ne s'agit pas d'abandonner, mais te confondre en. Et toute ta vie est remboursée. (...) Je suis fatigué de moi qui suis lourd à porter et qui ai besoin, pour entrer en Dieu, de me dévêtir de moi-même."[38]

Et comme tout est de Dieu, l'auteur parle des droits exclusifs de Dieu dont chacun de nous peut être honoré comme embassadeur: "Car je me suis

---

[36] Oeuvres. pp. 810, 711, 826, 966, 969.

[37] Ibid. pp. 575, 590, 599, 606, 637, 884, 864, 872, 880, 894, 906, 961, 962.

[38] Ibid. pp. 711, 643, 851, 683, 346.

moi-même exclusivement préoccupé des droits de Dieu à travers l'homme, nous dit l'auteur. Et certes, le mendiant lui-même, sans exagérer son importance, je l'ai toujours conçu comme un embassadeur de Dieu. (...) car tu n'es que voie et passage et ne peux réellement vivre que de ce que tu transformes. L'arbre, la terre en branches. L'abeille, la fleur en miel...M'importe donc d'abord que ton Dieu te soit plus réel que le pain où tu plantes les dents. Alors t'enivrera jusqu'à ton sacrifice. Lequel sera mariage dans l'amour. (...) Car je connais les droits du temple qui est sens des pierres, et les droits de l'empire qui est sens des hommes, et les droits du poème qui est sens des mots. Mais je ne connais point les droits des pierres contre le temple, ni les droits des mots contre le poème, ni les droits des hommes contre l'empire."[39]

Le Cérémonial du devenir

Mais avant d'atteindre ce degré de conscience de Dieu, ou conscience cosmique, l'homme st.-exupérien a dû accepter d'abord un "cérémonial du devenir" ou un "apprentissage de Dieu", tout comme le Petit Prince a accepté son cérémonial de l'apprivoisement avec le Renard. "Que faut-il faire?" demanda le Petit Prince. "Il faut être très patient, lui dit le Renard. Tu t'assoiras d'abord un peu loin de moi, comme ça, dans l'herbe..." En d'autres termes, il faut d'abord accepter, consciemment et patiemment, les souffrances de notre état séparé, comme autant de sacrifices ou comme "le cérémonial du désert," pour les transformer ensuite en égergie spirituelle de la conscience cosmique ou divine où l'homme ne se verra plus séparé ou isolé, mais uni et relié à l'univers par ces "noeuds divins" qui nouent les choses". Comme l'arbre a le pouvoir de transformer la terre en fleur, la conscience chez l'homme, semence spirituelle et divine, peut transformer son existence matérielle en essence spirituelle:"...de même que la semence te sauve dans l'arbre un soleil qui s'en irait fondre la glace et pourir avec elle, lisons-nous dans *Citadelle*, la semence spirituelle qui te bâtira dans ta propre graine..., fondant tes mille caractères dans ton unité. (...) Tu ne t'augmentes

---

[39] Oeuvres. pp. 537, 904, 709.

que de ce que tu transformes, car tu es semence... De quoi te plains-tu? Il n'est point d'occasion perdue, car ton rôle est d'être semence...(...) Par la semence, les lignes de force des ailes. Par la graine, les lignes de force de l'arbre. Et que Tu sois, Seigneur, tout simplement."[40]

Mais il faut que l'homme subisse d'abord son existence, qu'il traverse aussi son désert et sa Mer morte avant d'atteindre cette Terre promise qu'est la conscience cosmique, tout comme la chenille doit passer son état de chysalide et dévorer son cocon avant de devenir papillon, tout comme la graine doit être enterrée et pourrir avant de donner naissance à la plante. En d'autres termes, et comme le veut l'Existentialisme, il faut d'abord que l'existence précède l'essence, que l'homme traverse son labyrinthe de l'état de dualité et de multiplicité avec en main le fil d'Ariane d'amour et de conscience, et qu'il attende patiemment l'heure de la métamorphose intérieure d'une conscience supérieure d'unité et de divinité: "Saurais-tu aimer le domaine, nous dit l'auteur, si tu en excluais tour à tour, comme superflus, parce que trop particuliers, le moulin, le troupeau, la maison? Comment construire l'amour qui est visage lu à travers la trame, s'il n'est point de trame sur quoi l'écrire?...L'essence de l'arbre, je ne l'atteins que s'il a lentement pétri la terre selon le cérémonial des racines, du tronc et des branches. Alors le voilà qui est un."[41]

C'est grâce à ce pouvoir transformateur de sa conscience que l'homme est appelé "l'abeille du monde invisible", ou "l'agent alchimique" ou encore "l'opérateur" qui opère cette transformation ontologique du visible en invisible, du fini en infini et du matériel en spirituel: "Car tu n'es que voie et passage, nous dit l'éducateur de *Citadelle*, et ne peux réellement vivre que de ce que tu transformes. L'arbre, la terre en fleur. L'abeille, la fleur en miel. (...) Je suis arbre lent, mais je suis arbre, et grâce à Toi, je drainerai les sucs de la terre. (...) Suffit que soient,...par la graine, les lignes de force de l'arbre.

---

[40] Ibid. pp. 881, 940, 941, 978.

[41] Oeuvres. p. 865.

Et que Tu sois, Seigneur, tout simplement. (...) Et que l'opérateur fasse son opération".[42]

Il s'agit de cette loi scientifique et alchimique de la transformation d'énergie déjà signalée par Marcel Proust. Comme la matière peut se changer en lumière, comme le métal grossier peut se changer en or pur..., l'homme doué de conscience peut transformer l'énergie physique de l'action-sacrifice en énergie spirituelle de la conscience: "Mais puisque les forces peuvent se changer en d'autres forces, nous dit en effet l'auteur d'*A la Recherche du Temps perdu*, puisque l'ardeur qui dure devient lumière et que l'électricité de la foudre peut photographier, puisque notre sourde douleur au coeur peut élever au-dessus d'elle, comme un pavillon, la permanence visible d'une image à chaque nouveau chagrin, acceptons le mal physique qu'il nous donne pour la connaissance spirituelle qu'il nous apporte..."[43]

Cette loi de transformation, l'auteur de *Citadelle* l'appelle loi de l'échange, et considère notre existence, nos possessions personnelles et matérielles, notre corps, notre ego..., comme autant de précieuses monnaies d'échange contre plus grand que nous: "Et cependant ma sentinelle est de l'empire, nous dit-il, et sa mort sera payante, parce qu'alors elle s'échangera contre l'empire... Ainsi de ton travail, s'il est pain des enfants ou échange de toi en plus vaste. (...) Et quel amour tu as construit et contre quoi de plus durable que toi-même s'est échangée ton existence? (...) Et je puis t'échanger ta vie contre plus haut qu'elle sans que rien te soit enlevé... Tu ne peux vivre que de cela que tu transformes, et dont un peu chaque jour, puisque tu t'échanges contre, tu meurs...Civilisé celui-là qui combat et s'echange contre l'empire... Je n'aime pas les sédentaires du coeur. Ceux-là qui n'échangent rien, ne deviennent rien. Et la vie n'aura point servi à les mûrir. Et le temps coule pour eux comme une poignée de sable et les perd...

---

[42]Ibid. pp. 872, 904, 978.

[43]Marcel Proust, A La Recherche du Temps perdu, tome III, Bibliothèque de la Pléiade, Gallimard, Paris 1954. p. 906.

Vous fonderez l'homme dans le petit d'homme en lui enseignant d'abord l'échange, car hors d'échange, il n'est que racornissement."[44]

Et comme de bien entendu l'objet de l'échange étant Dieu, c'est donc en Dieu que l'homme st.-exupérien s'échange: "Où voyez-vous que les remparts sont écorce pour la ferveur, lisons-nous dans Citadelle, et qu'ils permettent l'échange des générations en Dieu dans l'éternité de la forteresse? (...) Mais la perfection n'est point un but que l'on atteigne. C'est l'échange en Dieu (...)...car en fait leurs nuits de veille, ils les accordainet à leur vénalité ou à leur luxure ou à leur vanité, c'est-à-dire à soi-même, et ils ne s'échangeraient plus en Dieu en s'échangeant contre un objet devenu source de sacrifice et image de Dieu, où les rides et les soupirs et les paupières lourdes...vont se confondre."[45]

Et comme cet échange se fait par amour, l'auteur l'appelie aussi "don", ou "don de soi-même". Pour l'homme st.-exupérien, l'a vie constitue ainsi un don réciproque et "circulaire": Don d'abord à l'homme ou de la créature fait par Dieu Lui-même qui se sacrifie et se fait homme, ou "descent jusqu'à la maison pour se faire maison": premier mouvement du coeur cosmique[46], le mouvement systolique de l'involution, de l'incarnation ou de la création, chanté par le poète mystique:"...si Dieu ne meurt, et ne se donne éternellement pour l'homme, l'homme ne pourrait pas exister, car l'homme est amour comme Dieu est amour..."[47] Don ensuite à Dieu fait par l'homme ou la créature qui se sacrifie à son tour, ou qui "meurt pour que Dieu puisse naître", comme nous l'a dit l'auteur de L'Etre et le Néant: deuxième mouvement du coeur cosmique, le mouvement diastolique de l'évolution, de la "désincarnation", ou de la "décréation" weilienne, mouvement de retour ou de réaction à l'action primordiale et sacrificielle de Dieu chanté par la liturgie chrétienne: "Sic nos amantem quis non redamaret?"

---

[44]Citadelle, In Oeuvres.

[45]Ouvres, pp. 914, 915, 916.

[46]Voir "Eureka" par Edgar Allan Poe. p. 314 et seq.

[47]William Blake, in The Poetry and Prose of William Blake, Doubleday & Company, Garden City N.Y. 1970. p. 253

Mais la condition sine qua non de cet échange, c'est la souffrance, car c'est elle qui fournit l'énergie nécessaire à la transformation de la conscience. Comme Baudelaire, l'auteur de *Citadelle* bénit aussi "Dieu d'avoir donné la souffrance, comme un divin remède à nos impuretés, et comme la meilleure et la plus pure essence qui prépare les forts aux saintes voluptés".[48] La citation de cette prescription de la souffrance comme condition de l'échange pourrait remplir des pages entières: "Mais toute ascension est douloureuse, nous dit-il en effet, toute mue est souffrance. Et je ne pénètre point cette musique, si d'abord je n'en ai souffert. Car elle n'est sans doute que le fruit même de ma souffrance, et je ne crois point en ceux-là qui se réjouissent des provisions ramassées par autrui...Il me suffit, Seigneur, pour que je me connaisse, que Tu plantes en moi l'ancre de la douleur. Tu tires sur la corde et je me réveille...Je ne crois point qu'il suffise de plonger les enfants des hommes dans le concert et le poème et le discours pour leur accorder la béatitude et la grande ivresse de l'amour, car l'homme est certes faculté d'amour, mais il l'est aussi de souffrance. (...)...sachant qu'il importe de ne point fléchir, ni pactiser par faux amour, au cours d'une guerre sans merci qui est condition de la paix, abandonnant, sur le chemin des morts qui sont condition de la vie, acceptant des renoncements qui sont condition de la fête, des paralysies de chrysalides qui sont condition des ailes, car il se trouve que Tu me noues en plus haut que moi-même. Seigneur, et que je ne connaîtrai point la paix ni l'amour hors de Toi..."[49]

C'est après avoir souffert consciemment son existence, après avoir attendu patiemment l'heurre de la métamorphose intérieure de la conscience supérieure, comme l'homme de la Bible avait attendu longuement et prié pieusement pour que "les cieux lui répandissent la rosée et qu'il lui plût des nuages le Juste", ou comme les Gogo et Didi beckettiens attendant misérablement Godot,[50] c'est après s'être sacrifié (dans le sens de se faire

---

[48] La Bénédiction, Les Fleurs du Mal.

[49] Oeuvres. pp. 631, 755, 600, 610, 869, 886, 599, 674, 771, 649, 650, 713, 925, 962.

[50] Samuel Beckett, En attendant Godot. (Il serait intéressant de comparer la formation du vocabulaire beckettien et la conception st.-exupérienne de l'homme et de Dieu: Les petits dieux (Godi et Godi, formation anglaise) attendant le petit dieu (Godot, formation française).

sacré), ou pour reprendre le mot de Victor Hugo, après être "devenu de plus en plus l'âme", que l'homme st.-exupérien peut voir avec les yeux de l'esprit les merveilles du monde spirituel:"...s'ouvrent bien au contraire, les empires spirituels, nous dit l'auteur de Citadelle, et t'éblouissent les apparitions qui sont non pour les yeux, ni pour l'intelligence, mais pour le coeur et l'esprit, si tu fais effort d'ascension et accèdes à cet étage où ne sont plus les choses, mais les noeuds divins qui nouent les choses. Et voici que tu ne peux plus mourir, car mourir c'est perdre et abandonner en arrière. Et il ne s'agit pas d'abandonner, mais de te confondre en. Et toute ta vie est remboursée". Il verra aussi que "ne pèse point l'individu avec sa pauvre écorce et son bazar d'idées, mais avant tout compte l'âme plus ou moins vaste avec ses climats, ses montagnes, ses déserts, ses eaux dormantes, toute une caution invisible et monumentale."[51]

Ce processus de transformation ou d'échange s'appelle "le cérémonial du devenir", ou "l'apprentisage de la lecture", ou encore "l'apprentissage de Dieu" qui permettra à l'homme st.-exupérien de lire, à travers le monde visible, ces visages invisibles qui sont de Dieu. Comme c'est la leçon la plus chère à son coeur, laissons-lui ici longuement la parole:"...qu'importe d'abord dans la construction de l'homme, nous dit-il, non de l'instruire, mais de l'élever et de le conduire aux étages où ne sont plus les choses, mais les visages nés du noeud divin qui noue les choses. (...) Car il n'est point de passerelle entre les choses et toi, mais entre toi et les visages invisibles qui sont de Dieu, ou de l'empire ou de l'amour. ... Et si du creux du monstère où je t'embrase du plus grand des visages après l'avoir bâti pour qu'il se montre à toi, comment le refuserais-tu? Comment peux-tu me dire qu'est vraie la beauté dans le visage et non Dieu dans le monde? (...) Suffit que je t'enseigne le langage qui te permette de lire en ce qui est autour de toi et en toi tel visage neuf et brûlant pour le coeur. (...) Et chacun sait bien qu'il est autre chose en soi-même que négation glaciale, ou haineuse, mais découverte d'un visage si évident, simple et pur, qu'il vous fait pour lui accepter la mort. (...)... Car l'envie de tout dénombrer te fait t'attacher aux matériaux et non au visage qu'ils composent et qu'il importe d'abord de

---

[51]Oeuvres, pp. 720, 748.

reconnaître. (...) Sache-le donc, toute création vraie n'est point préjugé sur l'avenir, poursuite de chimère, mais visage nouveau lu dans le présent. (...) L'esprit ne se réjouit point des objects, mais du seul visage qu'on lit au travers et qui les noue. Faites simplement que j'apprenne à lire. Alors, Seigneur, c'en sera fini avec ma solitude. (...) Car je sais maintenant qu'aimer c'est reconnaître, et c'est reconnaître le visage lu à travers les choses. L'amour n'est que connaissance des dieux. (...) Mais je ne connais que l'ennui qui te puisse être permanent. Lequel te vient de l'infirmité de ton esprit qui ne sait lire aucun visage au travers des matériaux... Mais si t'est accordée de temps à autre, en récompense de fidélité dans la chrysalide, la seconde d'illumination de sentinelle, ou du poète, ou du croyant, ou de l'amant..., ne te plains point de ne point contempler en permanence le visage qui transporte. Car il en est de si brûlants qu'ils consument qui les contemple. La fête n'est point pour tous les jours."[52]

    A ce degré de conscience, l'homme st.-exupérien se sentira partout en présence de Dieu et en communion avec Dieu. Il se verra honoré, non seulement du rôle d'embassadeur de Dieu, mais aussi de celui de Grand Prêtre consacrant l'hostie cosmique, transformant tout en corps divin. Tout comme dans cet instant de "communion en l'eau" vécu par les éléments cosmiques (hommes, sables, soleil et animaux) de la caravane de Citadelle: "Et il en est de cette minute, nous dit l'auteur, comme sur la mer quand une déchirure du nuage verse le soleil. Et tu sens tout à coup la présence de Dieu, sans comprendre pourquoi, à cause peut-être du goût répandu de récompense...,à cause aussi de l'attente de la communion en l'eau prochaine... Et vous habitez la paix d'un sourire. Et certes, vous vous réjouirez bientôt de boire, mais il ne s'agira plus que de plaisir, alors qu'il s'agit maintenant d'amour. Alors que maintenant, hommes, sables, bêtes et soleil sont comme noués dans leur signification par un simple trou entre des pierres, et qu'ils ne figurent plus autour de toi, dans leur diversité, que les objets d'un même culte, que les éléments d'un cérémonial, que les mots d'un cantique. Et toi, le grand prêtre, qui présideras..., toi le maître de

---

[52]Oeuvres. pp. 719, 771, 891, 631, 717, 905, 650, 772, 780, 784, 770, 986.

cérémonie...de la cérémonie du don de l'eau sous la lente ascension du soleil."[53]

L'esprit et le coeur de l'homme st.-exupérien seraient ainsi "agrandis dans l'infini sans fond" pour vivre la vie cosmique. Et même la mort deviendra "port entrevu dans les eaux enfin calmes", et tout ne serait que "piédestal, escalier et navire qui portent vers Dieu". On nous dit qu'on n'a jamais trouvé le corps de St.-Exupéry, perdu dans la mer Méditerrannée, lors de son vol de "reconnaissance" et de retour vers la terre de sa jeunesse: comme une goutte d'eau fondue dans sa source océanique, symbole de l'union mystique. C'est comme le corps du Petit Prince, devenu invisible, parce que le pilote ne l'a pas trouvé au lever du jour. Aurait-il été complètement transformé ou échangé en son étoile solitaire? C'est-à-dire en lumière de connaissance et d'amour: une transformation propre, ne laissant point de déchet. Les Apôtres Pierre et Jean n'ont pas trouvé non plus le corps de Jésus dans son tombeau: La tentation de comparaison entre la leçon de transformation et de crucifixion est irrésistible. "Oui, je vais vous dire un mystère, nous dit St. Paul: nous ne mourrons pas tous, mais tous nous serons transformés."[54]

Enfin, la conception st.-exupérienne de l'amour comme conscience ou reconnaissance (au sens de se souvenir) du visage lu à travers les choses nous rappelle une belle *légende des Terres sereines* qui pourrait se résumer ainsi: Il était une fois une belle princesse qui avait atteint l'âge de gynécée, et qui devait rester chez elle jusqu'à ce qu'elle fût mariée. Jour après jour, dans son bel appartement, regardant à travers sa fenêtre, elle ne voyait qu'une petite barque de pêcheur flottant sur le fleuve en dessous d'où montait vers elle, matin et soir, un certain air de flûte.

Le temps s'écoulait comme l'eau de la rivière, et la princesse petit à petit, comme en cachette, tomba amoureuse du pêcheur. Un jour cependant, on ne savait pas pourquoi, la barque était là, mais la musique s'arrêta, et la princesse tomba malade. Informé de l'origine de la maladie de sa fille, le

---

[53]Ibid. pp. 980, 981.

[54]St. Paul, I Corinthiens 15:50-55.

prince ordonna que le pêcheur parût aussitôt devant la princesse. A la vue de l'état du pêcheur, celle-ci fut déçue dans son coeur, et ainsi guérie de sa maladie. Mais notre pauvre pêcheur, devant la belle princesse, eut le coeur blessé à mort, comme d'un coup de foudre, par la flèche d'amour.

Des années passèrent, et la princesse enfin mariée au pays lointain, revint un jour avec ses enfants visiter le père et le palais natal. Par un beau jour, ils allèrent tous faire une promenade en barque sur le fleuve qui coulait en dessous de la fenêtre d'antan. Une fois dans la barque cependant, le vieux prince ne pouvait cesser d'admirer un beau cristal, gros comme un poing, conservé avec soin par le vieux pêcheur sur sa place d'honneur.

"Seigneur, lui dit le vieux pêcheur, si vous l'aimez, permettez-moi de vous l'offrir comme un humble cadeau". Le vieux prince l'accepta, et, rentré chez lui, ordonna à l'ouvrier d'en faire une tasse pour son service de thé. Mais chaque fois qu'il y but du thé, il y vit toujours l'image flottante de la barque de pêcheur d'où montait, dans l'air, un certain air de flûte. Émerveillé, il fit appeler sa fille. Celle-ci, revoyant la scène et revivant le drame de sa jeunesse, reconnut aussitôt l'image de son amour d'antan: Elle pleura amèrement. Une larme tomba dans la tasse: la tasse disparut comme par enchantement.

"L'amour, sans être encore aimé de retour, ne mourra jamais", nous dit la belle *légende des Terres sereines*. Mais il s'incarnera ou se cristalisera, après le décès du corps, dans la matière dure pour durer, appeler et attendre...jusqu'à ce que l'être aimé puisse enfin entendre l'appel et reconnaître, à travers la matière dure, le visage de l'amour d'antan. A l'instant de la reconnaissance, la matière disparaîtrait, et les deux amours, celui de l'amant et celui de l'aimé, seraient unifiés pour toujours.

L'oeuvre de St.-Exupéry semble nous appeler à regarder ce monde comme un immense cristal d'amour: une cristalisaion ou une matérialisation de l'amour primordial du Dieu créateur dont il nous faut apprendre, à travers le sacrifice et la souffrance, à reconnaître le visage d'antan. C'est le message d'un Petit Prince, celui de voir, à travers le serpent boa, l'image d'un certain éléphant, symbole de la royauté et de la divinité selon la mythologie indienne, ou à travers la caisse, l'image d'un certain mouton, symbole de cet Agneau de Dieu, immolé à l'origine du monde.[55]

Mais en serions-nous capables? - "Bien sûr", nous l'affirme l'auteur de *Citadelle*, car "Dieu m'ayant sorti de Lui, sa gravitation m'y ramène".[56] Il ne s'agit que d'une question de conscience, ou plutôt de degré de conscience, et d'une question de sacrifice et de souffrance pour la réveiller ou la faire développer. Si le cosmos est né d'une larme ou d'une goutte de sang de la souffrance d'un dieu, comme le veut l'ancienne mythologie, son visage divin ne sera aussi reconnu qu'à travers une larme de la souffrance humaine par une conscience cosmique: question, de nouveau, de transformation d'énergie. Si le Verbe s'est fait chair au début des temps, la chair, nécessairement, se fera Verbe à la fin des temps. La semence divine, grâce à l'opération transformatrice de ses racines changeant la terre en fleur, deviendra l'arbre divin ou la vigne divine. La vie cosmique? Un cercle vertueux, ou amoureux, une divine comédie. Il s'agit seulement d'accepter le cérémonial du devenir ou l'apprentissage de la lecture qui nous permettra d'en lire le visage caché. Et c'est cet apprentissage de la lecture que nous allons suivre dans chacun des ouvrages de l'oeuvre st.-exupérienne.

---

[55] Voir notre conclusion.
Aussi curieux que cela puisse paraître, le message de pouvoir lire un certain visage divin est aussi celui de l'aumônier de L'Etranger de Camus: Toutes ces pierres suent la douleur, je le sais, dit-il à Mersault (mer et soleil, deux éléments cosmiques). Je ne les ai jamais regardées sans angoisse. Mais du fond du coeur je sais que les plus misérables d'entre vous ont vu sortir de leur obscurité un visage divin. C'est ce visage qu'on vous demande de voir. "(L'Etranger, Editions Gallimard 1957, p. 182).

[56] Citadelle, in Oeuvres. p. 810.

CHAPITRE I

COURRIER SUD

Courrier Sud est le premier roman de jeunesse de St.-Exupéry. Il marque non seulement la genèse de sa pensée mais il en est aussi, en potentialité, le résumé. Combien donc il est vrai que le succès de la vieillesse n'est que la réalisation d'un rêve de la jeunesse, ou qu'"une oeuvre d'homme n'est rien d'autre que ce long cheminement pour retrouver...les deux ou trois images simples sur lesquelles le coeur, une première fois, s'est ouvert".[1]

La pensée philosophique de St.-Exupéry n'est pas née d'une spéculation métaphysique, mais bien d'une expérience existentielle, celle d'abord d'un certain sentiment d'angoisse et de solitude, d'étouffement et d'emprisonnement ontologique qui le pousse à chercher, instinctivement et comme à tâtons, un remède satisfaisant: c'est tout le sujet de *Courrier Sud*, sujet que nous nous proposons d'étudier dans les pages qui suivent.

Au commencement de cette pensée était le sentiment d'angoisse et de solitude, sentiment existentiel par excellence: "Quelle hâte, quelle inquiétude!, lit-on au début du roman. Touché par quelque angoisse, incapable de souffrir seul, il faisait partager cette angoisse.... Cette angoisse qu'il avait supportée seul... Il en souffrait seul, on est toujours seul dans la vie... Ah! quelque chose pour le sauver d'une inquiétude si humaine!"[2]

---

[1] A. Camus, L'Envers et l'Endroit, Gallimard. p. 101.

[2] Courrier Sud, in Oeuvres. pp. 3, 16, 25, 28.

Ce sentiment d'angoisse et de solitude est accompagné en même temps d'un sentiment d'étouffement et d'emprisonnement:"... Il connut pourtant cet étouffement, nous l'avons tous connu", nous dit Bernis, le héros du roman. "Peu à peu pendant le retour, un paysage se bâtissait déjà autour de lui comme une prison."³

Pour guérir de cette maladie métaphysique, Bernis allait à la recherche d'un remède, rehcerche que l'auteur a comparée à une quête, "quête du trésor caché", ou "quête de la perle noire", recherche guidée exclusivement par le sentiment et l'expérience et non par l'intelligence ou la spéculation, par le coeur ou l'esprit et non par la tête ou la raison: "Mais dis-moi ce que je cherche, nous dit Bernis, et pourquoi contre ma fenêtre, appuyé à la ville de mes amis, de mes désirs, de mes souvenirs, je désespère? Pourquoi pour la première fois, je ne découvre pas de source et me sens si loin du trésor? Quelle est cette promesse obscure que l'on m'a faite et qu'un dieu obscur ne tient pas?...(...) Les tendresses...on les abandonne derrière soi avec une morsure au coeur, mais aussi avec un étrange sentiment de trésor enfoui sous terre...(...) Où vas-tu maintenant chercher le trésor, plongeur des Indes qui touches les perles mais qui ne sais pas les ramener au jour? (...) C'était donc ici le trésor: l'as-tu cherché?... Un vertige t'a pris. Dans l'étoile la plus verticale a lui le trésor, ô fugitif!"⁴

Quels sont les remèdes auxquels le héros de Courrier Sud a eu recours pour se guérir de son angoisse? Avant d'y répondrre, voyons d'abord, très brièvement, la nature et l'origine de ce sentiment humain à travers l'expérience commune. L'angoisse est un de ces tourments métaphysiques aussi vieux que l'homme, mais que les existentialistes, Kierkegaard et Heidegger spécialement, nous ont rendu trop familier. C'est un sentiment de vide, de néant ou de manque ontologique qui nous fait éprouver la futilité, l'ambiguïté et l'absurdité de toute existence. Un sentiment d'impuissance et d'incomplétude qui pousse l'homme à se fortifier

---

³Ibid. pp. 17, 19, 68.

⁴Oeuvres. pp. 17, 18, 62, 68, 77.

et à se compléter par la recherche de la puissance et de la plénitude de l'Etre ou de l'Avoir.

La quête éternelle de l'homme à travers le temps et l'espace, exprimée symboliquement dans la littérature universelle - la quête du Graal, de l'immortalité de Gilgamesh, de la Toison d'or, des pommes d'or du Jardin des Hespérides, la quête d'Ulysse pour Pénélope... - ne sont rien d'autre que cette quête symbolique de la plénitude ou de la totalité de l'Etre: la coupe et la lance dans la légende du Graal, symboles du féminin et du masculin, du Yin et du Yang; les les Pommes d'or de forme ronde; la Toison d'or portant Phrixos et Hellé ou le frère et la soeur; Ulysse et Pénélope...autant de symboles de l'union des opposés, ou de l'unité et de la totalité ontologique.

Plus près de nous, et peut-être mieux que personne, Jean-Paul Sartre nous a donné, dans *L'Etre et le Néant*, les plus beaux exemples de ce tourment ontologique et de sa quête symbolique et compensatrice. C'est, dit-il, comme la lune partielle qui manque et qui a besoin d'un autre morceau de lune pour être pleine. C'est comme le demi-cercle qui tourne sans cesse autour de lui-même pour avoir l'air d'être totalement rond. C'est, pour l'homme, ce mal ou ce complexe de la lacune, ou du "trou", qu'il essaie, toute sa vie, de boucher: l'enfant suçant son pouce pour combler le trou de sa bouche; l'homme cherchant à entendre, à voir, à manger, à respirer, à aimer ou à connaître...pour boucher les différents orifices de son corps ou les différentes lacunes de son intelligence!

Le coeur de l'homme n'est-il pas décrit comme un trou ou un abîme sans fond que rien ne peut combler? La recherche, par l'homme, de l'argent, de l'amour, du pouvoir...n'est en fin de compte que cet effort de remplissage ontologique. Et même notre enterrement après la mort est-il autre chose que notre dernier effort de boucher la fosse béante de l'existence? Ce n'est donc pas sans raison que l'on dit que seule l'Eglise peut faire un bon enterrement, parce qu'elle le fait d'une manière spectaculaire, symbolique et "religieuse", c'est est-à-dire de manière à nous relier à l'Etre ou Dieu.[5]

---

[5]"Imperious Caesar dead and turned to clay Might stop a hole to keep the wind away." (Hamlet)

Mais il ne s'agit là que de cette recherche de la plénitude dans l'espace. Dans le temps, elle s'exprime encore par une certaine anxiété de l'attente, attente vague et indéfinissable, attente de quelque chose qui pourrait nous sauver, mais qui tarde à venir, ou qui ne viendrait jamais: l'attente du Juste des temps bibliques; l'attente du Messie pour le peuple juif; l'attente de Godot pour l'homme absurde; l'attente de la lune pour Caliqula, le fou métaqphysique de Camus; l'attente du Royaume de Dieu; l'attente du Nirvana...

En même temps que l'angoisse, l'homme souffre aussi d'un certain sentiment d'étouffement et d'emprisonnement ontologique: le corps et la vie terrestre sont pour l'homme sa plus dure prison dont il s'efforce de s'évader, par le voyage, le divertissement ou par tout autre moyen d'évasion ou de libération, par l'opium ou même par la mort. La littérature universelle est aussi pleine de lamentations de ces prisonniers métaphysiques: "N'importe où pourvu que ce soit hors de ce monde", nous crie Baudelaire qui nous invite ainsi à son voyage perpétuel:

> "Un matin nous partons, le cerveau plein de flamme.
> Le coeur gros de rancune et de désirs amers.
> Et nous allons, suivant le rythme de la lame,
> Berçant notre infini sur le fini des mers".[6]

"La mort, pour les âmes nobles, est la fin d'une obscure prison", nous dit Pétraque. Et même Voltaire, ce "mondain matérialiste", nous invite, lui aussi, à cette fuite hors de la vie: "Hâtons-nous, dit-il, de sortir d'une prison funeste"[7]. Et Lamartine s'adresse ainsi à la mort:

> "Je te salue, ô Mort! libérateur céleste.
> Tu ne m'apparais point sous cet aspect funeste
> ....
> Viens donc, viens détacher mes chaines corporelles!
> Viens, ouvre ma prison, viens, prête-moi tes ailes!"[8]

---

[6]Baudelaire, Les Fleurs du Mal, Le Voyage.

[7]Voltaire. Dictionnaire philosophique et Art dramatique.

[8]Lamartine, Méditations poétiques, La Mort.

L'homme, à travers les siècles, a recours à différents remèdes pour guérir ces symptômes d'une maladie ontologique, et l'amour, la religion, le plaisir, le divertissement, l'évasion...sont le plus souvent ces remèdes classiques. Mais malheureusement, ils ne sont pas efficaces la plupart du temps, parce que, selon le psycholoque,[9] l'homme le plus souvent les fonde sur une fausse identification: Il pense guérir la maladie de l'Etre par l'Avoir. Il s'identifie non avec ce qu'il est, mais avec ce qu'il a: son corps et son égo, sa propriété et son intelligence. Il en fait sa valeur et son essence: Il est donc ce qu'il a, et au lieu d'être, il cherche à posséder, à avoir. Et comme tout ce qu'il possède est toujours limité et menacé, l'homme possesseur reste toujours angoissé.

L'homme st.-exupérien a redécouvert cette expérience commune de l'espèce. Pour guérir de son angoisse, les remèdes qu'il a tentés étaient ceux-là mêmes de l'homme tout court, à savoir, de nouveau: l'amour, la religion, le plaisir et le divertissement, et enfin, l'évasion. Et encore, c'était le même échec qu'il a rencontré, et aussi pour la même raison; excepté vers la fin, quand il a trouvé dans le vol non pas l'évasion, mais l'action sacrificielle et créatrice de soi et de la conscience. Suivons-le donc un peu dans cette redécouverte existentielle.

D'abord l'amour et son échec: l'amour conjugal entre Geneviève et Herlin, à cause de leur soi-disant incompatibilité de caractère; puis l'amour sentimental entre Geniève et Bernis, à cause d'une autre incompatibilité, celle de leur style de vie: "Vous êtes tout..., tout mon amour", dit-elle à Bernis. Et lui d'ajouter: "Et c'était vrai, mais il connut aussi à ces mots-là qu'ils n'étaient pas faits l'un pour l'autre... Elle n'était pas faite non plus pour Herlin. Il le savait. La vie qu'elle parlait de reprendre ne lui causait que du mal. Mais pour quoi donc était-elle faite?"

La vraie raison de leur échec a été peut-être qu'ils n'ont pas pu, les deux amants, s'oublier ou se sacrifier pour donner naissance à l'Etre, ou qu'ils ont laissé, les deux époux, mourir le seul être qu'ils avient en commun: leur enfant. Chacun, cherchant à posséder l'autre, a laissé échapper l'Etre pour l'Avoir!

---

[9]Erich Fromm, To Have or To Be, Jonathan Cape, 1978.

Après l'échec de l'amour, c'était à la religion que Bernis a eu recours. Il vint à passer par Notre-Dame de Paris: Il y entra pour "trouver une formule qui l'exprime et qui le rassemble; il s'offrait à la foi comme à n'importe quelle discipline de la pensée". Mais malgré la ferveur du prédicateur. Bernis ne pouvait que s'y sentir étranger. Il lui manqua une condition sine qua non, la foi qu'il n'avait pas, ou qu'il avait perdue. Il ne savait pas encore que le salut ne se trouve pas, pour l'homme, dans une formule, mais dans le devenir, comme pour la semence, dans la croissance de l'arbre. "Quel désespoir, dit-il. Où est l'acte de foi? Je n'ai pas entendu l'acte de foi, mais un cri parfaitement désespéré!" Et l'auteur d'ajouter: "Il était ce pèlerin qui arriva une minute trop tard à Jérusalem. Son désir, sa foi venaient de mourir: il trouva des pierres".[10]

Après la religion, c'était la tentation du plaisir et du divertissement. Bernis sortit de la Cathédrale et marchait le long des berges de la Seine: "Un calme s'était fait en lui, donné par la trêve du jour, et que l'on croit donné par la solution d'un problème... Pourtant ce crépuscule... Toile de fond trop théâtrale qui a servi déjà pour les ruines d'empires, les soirs de défaite et le dénouement de faibles amours, qui servira demain pour d'autres comédies. Toile de fond qui inquiète, si le soir est calme, si la vie se traîne, parce que l'on ne sait pas quel drame se joue. Ah! quelque chose pour le sauver d'une inquiétude si humaine!"[11]

Il entra donc dans un dancing, et prit une danseuse, la qlus légère:" Il se disait: "Tu ne peux rien me donner ce que je désire". Et pourtant son isolement était si cruel qu'il eut besoin d'elle. Mais si le plaisir et le divertissement endorment pour un moment l'angoisse chez l'homme, ils la réveillent chez la femme: "Elle éprouve pourtant des "élans de tendresse... Mais cette vie inconnue, fermée dans ce corps, ces rêves inconnus sous l'os du front! Coucheé en travers de cette poitrine, elle sent la respiration de l'homme monter et descendre comme une vague et c'est l'angoisse d'une traversée. Si, l'oreille collée à la chair, elle écoute le bruit dur du coeur, ce

---

[10]Courrier Sud, in Oeuvres. p. 17.

[11]Ibid. p. 47.

moteur en marche ou cette cognee du démolisseur, elle éprouve le sentiment d'une fuite rapide, insaisissable... S'il ferme les yeux, elle prend et soulève cette tête lourde comme celle d'un mort, des deux mains, ainsi qu'un pavé. "Mon amant, quelle désolation!"... Mystérieux compagnon de voyage. Allongés l'un contre l'autre et muets! On sent la vie qui vous traverse comme une rivière. Une fuite vertigineuse."[12]

Après l'échec du plaisir-divertissement, Bernis n'eut plus qu'un seul recours: la fuite ou l'évasion - fuite ou évasion dont, déjà depuis l'enfance, il avit senti la tentation:" Il lui apparut qu'il s'agissait encore d'une croisière et que toute sa vie s'était usée à tenter ainsi de fuir...(...) Un jour nous marcherons vers le Nord ou le Sud, ou bien en nous même à sa recherche. Fuir...(...) Nous nous sentions repris par cette vieille ritournelle, par cette vie faite de saisons, de vacances, de mariages et de morts. Tout ce tumulte de la surface. Fuir, violà l'important."[13]

Cette fuite ou cette évasion a été offerte à notre pilote de ligne sous forme de vol, évasion parfaite déjà rêvée par le poète de *L'Elévation*:

"Envole-toi bien loin de ces miasmes morbides.
Va te purifier dans l'air supérieur.
Et bois, comme une divine liqeur,
Le feu clair qui remplit les espaces limpides.

Derrière les ennuis et les vastes chagrins
Qui chargent de leur poids l'existence brumeuse,
Heureux celui qui peut, d'une aile vigoureuse.
S'élancer vers les champs lumineux et sereins.[14]

Mais le vol ne peut pas être un remède satisfaisant, s'il est seluement fuite ou évasion, ne touchant pas la nature ontologique de la maladie de l'homme qui la porte perpétuellement en lui-même. Baudelaire, l'auteur de cet appel au voyage, nous a laissé son amère expérience:

"Amer savoir, celui qu'on tire du voyage!
Le monde, monotone et petit, aujourd'hui,

---

[12] Ibid. p. 49

[13] Ibid. pp. 44, 50, 61, 62.

[14] Baudelaire, les Fleurs du Mal, L'Elévation.

> Hier, demain toujours, nous fait notre image!
> Une oasis d'horreur dans un désert d'ennui."[15]

Pour Bernis, en effet, la qualité salvatrice du vol se trouvait ailleurs ou plus haut: dans la possiblité de mort et de renaissance, et par conséquent du devenir du pilote. Beaucoup plus que l'évasion, il a trouvé dans le vol un merveilleux travail d'analyse et de méditation, un moyen de discipline et de sacrifice de soi: une méthode d'initiation par excellence. Par le renonccement du confort et du bonheur terrestre, par l'acceptation des risques et des sacrifices du métier, par l'oubli de soi-même pour le service du plus grand que soi, le pilote Bernis s'y découvrit chaque fois une vie plus large et plus riche de cette solidarité humaine et professionnelle avec les collègues d'équipe, puis de cette solidarité universelle et cosmique avec la nature et ses "divinités élémentaires": les nuages, les montagnes et les étoiles.

L'avion, pour Bernis, devait remplir en plein ciel le rôle de ce "Navire" de Victor Hugo:

> "Il va de jour vêtu,
> A l'avenir divin et pur, à la vertu,
> Au droit, à la raison, à la fraternité,
> A la religieuse et sainte vérité
> Sans impostures et sans voiles,
> A l'amour, sur les coeurs serrant son doux lien,
> Au juste, au grand, au bon au beau...
> Vous voyez bien
> Qu'en effet il monte aux étoiles".[16]

Il s'y découvrit aussi une conscience plus développée et plus purifiée qui lui permettait de deviner, sous l'écorce de l'apparence, le trésor caché: "Ce que je devinais, dit-il, se cachait derrière toute chose. Il me semblait qu'avec un effort, j'allais le connaitre enfin et l'emporter. Et je m'en vais troublé par cette présence d'ami que je n'ai jamais pu tirer au jour... "Et l'auteur dit de lui: "Ce désert sur lequel je marche, moi qui suis retenu,

---

[15] Baudelaire, Les Fleurs du Mal, Le Voyage.

[16] Victor Hugo, La Legende des Siècles, Plen Ciel.

comme un plomb au sol, je n'y saurais rien découvrir. Mais il n'est pour toi, magicien, qu'un voile de sable, qu'une apparence..."[17]

Grâce à cette conscience aiguisée par le vol sacrifice, Bernis pouvait pressentir, comme le poète voyant, un monde "à l'endroit" sous ce "monde à l'envers":

> "Ce tapis que nous tissons comme
> Le ver dans son linceul,
> Dont on ne voit que l'envers seul,
> C'est le destin de l'homme.
> Mais peut-être qu'à d'autres yeux
> L'autre côté déploie
> Le rêve, les fleurs et la joie
> D'un destin merveilleux."[18]

Mais comment découvrir ce côté merveilleux des choses? Ici, Bernis pressentait aussi, comme le sage Socrate de Lamartine, les deux conditions requises pour la découverte du trésor:

> "Connais-tu le chemin de ce monde invisible?
> Dit Cébès; à ton oeil est-il donc accessible?
> - Mes amis, j'en approche, et pour le découvrir...
> - Que faut-il? dit Phédon. - Etre pur et mourir!"[19]

"Etre pur et mourir": Bernis en effet, se soumit à ce "cérémonial du devenir", à ce rite de purification, de mort et de renaissance à chaque vol. Purification: quand il se détacha du corps et de son image, le moi, pour s'envoler plus haut; mort: quand il accepta les risques et les sacrifices du vol, car, vraiment dans son cas, "monter, c'est s'immoler", et "partir, c'est mourir un peu"; et enfin renaissance: quand, après avoir accompli le cérémonial de purification et d'acceptation de la mort, il sentait surgir du vieux moi le nouvel homme comme le papillon de son cocon: "Traversé le désir, traversé la tendresse, traversé le fleuve du feu, maintenant pur, froid, dégagé du corps, on est à la proue d'un navire, le cap en mer...(...) Six heures encore

---

[17] Courrier Sude, in Oeuvres. pp. 76, 77, 62, 68.

[18] Paul-Jean Toulet, Contre-Rimes.

[19] Lemartine, Méditations poétiques, La Mort de Socrate.

d'immobilité et de silence, puis on sort de l'avion comme d'une chrysalide. Le monde est neuf. Bernis regarde cette montre par quoi s'opère le miracle. Puis le compte-tours immobile. Si cette aiguille lâche son chiffre, si la panne livre l'homme au sable, le temps et les distances prendront un sens nouveau et qu'il ne conçoit même pas: il voyage dans une quatrième dimension... Il pense encore: "Je n'ai besoin d'aucun courage"... Pourtant contre son coeur, car le moteur a tressailli, cet inconnu qui peut surgir prendra sa place".[20]

Ainsi à chaque vol, le pilote conscient et à la recherche de son trésor caché, opéra-t-il une merveilleuse mutation alchimique que l'auteur appellera plus tard "mutation d'escale"[21], transformant sa souffrance physique et psychique en énergie spirituelle, et recréa ainsi, petit à petit, cet Etre inconnu dont il était et qui, il était une fois, s'était sacrifié pour donner l'être et la vie au cosmos et au pilote lui-même. C'est le Dionysos qui mourut pour que les siens pussent naître, et qui renaît ou ressuscite chaque fois que, pour lui, les siens acceptent de mourir.

Le vol de Bernis, c'est cette douleur alchimique baudelairienne, c'est la souffrance transformatrice proustienne, cette pierre philosophale qui change le métal grossier que sont le corps et le moi en or pur qu'est le trésor caché. C'est l'action sacrificielle et créatrice de toute créature pour redonner naissance à son Créateur ou à son Dieu.

Le trésor n'est donc pas à chercher, mais à recréer ou à "échanger contre", comme le dit l'auteur de *Courrier Sud*, ou encore à sculpter comme le dit Plotin, c'est-à-dire à découvrir en nous-mêmes en enlevant seulement les parties superflues qui le cachent. La loi fondamentale découverte par Bernis à travers ses vols, et qui sera celle de toute la vie et de toutes les oeuvres de St.-Exupéry, est celle du sacrifice et du devenir par l'échange ontologique, la seule qui puisse le guérir de cette maladie de l'être qu'est l'angoisse humaine; car elle demande une altération ou une transformation de l'état d'être de l'homme. Et si, pour Bernis, après l'insuccès de l'amour, de la religion, du plaisir-divertissement et de l'évasion, le vol était le seul

---

[20]Courrier Sud, in Oeuvres. pp. 68, 69.

[21]Terre des Hommes.

remède satisfaisant, c'était parce qu'il lui imposait d'emblée cette double loi ontologique et cosmique: l'Etre et le Cosmos étant un.

La vie vient donc de la mort, et la mort donne naissance à la vie. D'où la plante tire-t-elle donc sa vie, sinon de la mort de la graine? "Si le grain ne meurt..."n'est pas seulement une loi évangélique, mais aussi une loi cosmique:

> "N'est-ce pas par un mal que tout bien est produit?
> L'été sort de l'hiver, le jour sort de la nuit.
> Dieu Lui-même a noué cette éternelle chaîne:
> Nous fûmes à la vie enfantés avec peine,
> Et cet heureux trépas des faibles redouté
> N'est qu'un enfantement à l'immortalité!"[22]

La mort et la résurrection, la systole et la diastole, tout comme les jours et les nuits de Brahma...ne sont que les deux mouvements de la métamorphose de l'Etre. La mort est vraiment ce nid du Phoenix où l'oiseau fabuleux sortira des ses cendres, comme sortira des ses souffrances "L'Homme cet inconnu".

La fameuse conclusion de l'ontologie sartrienne: "L'homme meurt pour que Dieu puisse naître"; le "Sein zum Tode" d'un Heidegger; le "mourir n'est pas mourir, mais c'est changer" d'un Lamartine, le "nous n'allons pas tous mourir, mais être transformés" d'un Saint Paul; le mot shakespearien "en cherchant la mort, je trouve la vie"...trouvent tous leur écho dans l'expérience transformatrice de l'homme st.-exupérien: C'était à travers ses vols qui étaient autant de morts partielles et successives avant celle, définitive, "sur une dune, les bras en croix", que Bernis a trouvé le chemin du trésor caché et qui n'est rien d'autre que le chemin de Golgotha et de la croix: "Mon camarade, dit de lui l'auteur...c'était donc ici le trésor: l'as-tu cherché? Sur cette dune, les bras en croix, et face à ce golfe bleu sombre, et face au village d'étoiles... Un vertige t'a pris. Dans l'étoile la plus verticale a lui le trésor, ô fugitif!"[23] Le vol pour Bernis? Un chemin du devenir et de l'échange de la matière en pure lumière de la conscience et de l'amour.

---

[22]Lamartine. Méditations poétiques, La Mort de Socrate.

[23]Courrier Sud, in Oeuvres. p. 77.

Le sentiment d'angoisse et de solitude, d'étouffement et d'emprisonnement, le sentiment de manque, de vide et de néant...de cette gouttelette d'eau séparée qu'est la conscience isolée de l'homme ne disparaîtra complètement qu'une fois que la goutte d'eau se perdra dans sa source - l'Océan, dans la conscience cosmique. Le mal de l'unité et de la totalité dont souffre la partie ne guérira que dans sa fusion avec le Tout qui la comble. Mais pour se fusionner, il faut d'abord se dissoudre: la fusion ne peut pas se faire sans la solution préalable. Le mot d'ordre: "Solve et coagula" de la sagesse alchimique est partout et toujours de rigueur. La solution du problème métaphysique de Bernis dans *Courrier Sud* coïncide avec la "solution métalique" d'Hermès Trismégiste de l'Alchimie: Rien ne se perd, rien ne se crée, mais tout se tranforme et s'échange. Et si, comme le veut Victor Hugo, "monter, c'est s'immoler", pour l'homme st.-exupérien, voler, c'est à la fois monter, s'immoler et s'échanger!

CHAPITRE II

VOL DE NUIT

Vel de Nuit continue *Courrier Sud*. Cette continuté d'un roman à l'autre est facile à voir sous l'éclairage d'une comparison des deux héros respectifs. Malgré les apparences, en effet, le héros de *Vol de Nuit*, Rivière, n'a pas ce caractère de dictateur tyrannique ou de partisan fanatique de la philosophie de l'action pour l'action qu'on lui donne. Il partage avec Bernis, le héros de *Courrier Sud*, cette sensibilité et cette humanité qu'il tâche de cacher: "Pour se faire aimer, nous confie-t-il, il suffit de plaindre. Je ne plains guère ou je le cache. J'aimerais bien pourtant m'entourer de l'amitié et de la douceur humaine... Rivière faisait une pitié profonde..."[1]

Comme et même mieux que Bernis, il compatit aux malheurs d'autrui grâce aux expériences de son âge et de ses propres souffrances: "Rivière était sorti pour marcher un peu et tromper le malaise qui reprenait, et lui qui ne vivait que pour l'action, une action dramatique, sentait bizarrement le drame se déplacer, devenir personnel. Il pensa qu'autour de leur kiosque à musique, les petits bourgeois des petites villes vivaient une vie d'apparence silencieuse, mais quelquefois lourde aussi de drames: la maladie, l'amour, les deuils, et que peut-être...Son propre mal lui enseigne beaucoup de choses. "Cela ouvre certaines fenêtres", pensait-il."[2]

---

[1] Vol de Nuit, in Oeuvres. pp. 110, 129.

[2] Ibid. pp. 89, 95.

Comme Bernis encore, il souffre de la même maladie ontologique qu'est l'angoisse ou l'inquétude ou la solitude humaine: "Et maintenant, au coeur de la nuit comme un veilleur, il découvre que la nuit montre l'homme: ces appels, ces lumières, cette inquiétude. Cette simple étoile dans l'ombre: l'isolement d'une maison."[3]

Et luttant contre cette maladie ontologique, il poursuit la même recherche du sens de la vie ou de sa raison d'être: "Mais elle (Madame Fabien) m'aide à découvrir ce que je cherchais... Nous ne demandons pas à être éternels, mais à ne pas voir les actes et les choses tout à coup perdre leur sens. Le vide qui nous entoure se montre alors... Et voilà par où, chez nous, s'introduit la mort: ces messages qui n'ont plus de sens... Il regarde Robineau. Ce garçon médiocre, maintenant inutile, n'avait plus de sens".[4]

Comme Bernis, il a la même conviction de la vanité et du caractère d'emprisonnement du bonheur ordinaire: "Et pourtant tout ce à quoi les homme tiennent si fort s'était presque detaché de lui. Il venait d'en connaître la misère. Il venait de vivre quelques heures sur l'autre face du décor, sans savoir s'il lui serait permis de rétablir pour soi cette ville dans ses lumières. S'il retrouverait même encore, amies d'enfance ennuyeuses mais chères, toutes ces petites infirmités d'homme. (...) Il (Robineau) faisait ainsi à Pellerin l'humble confession de ses besoins, de ses tendresses, de ses regrets. Alignant dans l'ordre misérable ses trésors, il étalait devant le pilote sa misère. Un eczéma moral. Il montrait sa prison".[5]

Il partage aussi avec Bernis ce sentiment du numineux, du mystérieux, cette vision ou cette conscience mystique qui lui permet de deviner, sous l'apparence des choses, un certain visage caché de la réalité: "Il s'était, comme ce soir, senti solitaire, mais bien vite avait découvert la richesse d'une telle solitude. Le message de cette musique venait à lui, à lui seul parmi les médiocres, avec la douceur d'un secret. Ainsi le signe de l'étoile. On lui

---

[3] Ibid. p. 89.

[4] Ibid. p. 129.

[5] Ibid. pp. 89, 95

parlait, par-dessus tant d'épaules, un langage qu'il entendait seul.(...)...toute sa grandeur d'être simplement instruit, mieux que personne, sur ce que vaut le monde entrevu sous un certain jour..."[6]

Il hérite enfin de Bernis cette expérience de la valeur transformatrice et créatrice de l'action-sacrifice qu'il impose à ses gens comme autant de rites d'initiation: "Le règlement, pensait Rivière, est semblable aux rites d'une religion qui semblent absurdes, mais façonnent les hommes. Il était indifférent à Rivière de paraître juste ou injuste. Peut-être ces mots-là n'avaient-ils même pas de sens pour lui. Les petits bourgeois des petites villes tournent le soir autour de leur kiosque à musique, et Rivière pensait: "juste ou injuste envers eux, cela n'a pas de sens: ils n'existent pas". L'homme était pour lui une cire vierge qu'il fallait pétrir. Il fallait donner une âme à cette matière, lui créer une volonté. Il ne pensait pas les asservir par cette dureté, mais les lancer hors d'eux-même... Il faisait peut-être souffrir, mais procurait aussi eux hommes de fortes joies. "Il faut les pousser", pensait-il, vers une vie forte qui entraine des souffrances et des joies, mais qui seule compte".[7]

Leur différence d'attitude devant la vie vient donc de la différence des stades d'évolution qu'ils occupent dans les deux romans: pilote débutant, Bernis était un jeune explorateur et aventurier, cherchant et tâtonnant, riche seulement de ses doutes et de ses inexpériences. Directeur et administrateur, Rivière est au contraire un homme de l'âge mûr, déjà enrichi des expériences et des découvertes de son prédécesseur. Son rôle dans ce deuxième roman est de mettre ces expériences en pratique, et sa dureté de conduite n'est qu'une conséquence de la fermeté de sa conviction philosophique et pédagogique: convaincu, en effet, de la vanité du bonheur ordinaire et de la possession vulgaire d'un côté, et de la valeur transformatrice et créatrice de l'action-sacrifice de l'autre, il doit s'imposer à lui-même et aux autres cette austérité de discipline pour pouvoir se créer une conscience et une vie supérieures. Sa discipline est un rite d'initiation, un

---

[6]Ibid. p. 89.

[7]Ibid. p. 92.

cérémonial du devenir pour le conduire à un degré supérieur dans l'échelle de l'Etre.

La recherche de Rivière n'est donc plus celle d'un chemin ou d'un moyen à suivre comme chez Bernis, mais plutôt celle d'une justification ou d'une rationalisation du chemin déjà trouvé. Il écarte donc d'emblée ces voies prouvées inefficaces par le héros de Courrier Sud. Il rejette l'amour ordinaire comme une impasse: "Aimer, dit-il, aimer seulement, quelle impasse! "Rivière eut l'obscur sentiment d'un devoir plus grand que celui d'aimer. Ou bien il s'agissait aussi d'une tendresse, mais si différente des autres".[8]

Il n'entre plus dans aucune "église", et ne mentionne même pas le nom de religion, sinon celle de son action-sacrifice: "Le règlement est semblable aux rites d'une religion qui semblent absurdes, mais façonnent les hommes".[9]

Il repousse aussi le plaisir et le divertissement, et donne comme excuse son manque de temps: "Il s'apperçut qu'il avait peu à peu repoussé vers la vieillesse, pour "quand il aurait le temps", ce qui fait douce la vie des hommes".[10]

Il rejette enfin l'avantage de la fuite ou de l'évasion offerte par le vol, car le vol doit être pour lui un "certain ordre de lien", et non de fuite, comme le dira plus tard St.-Exupéry dans sa *Lettre au Général X*.

Le seul chemin qui lui reste et qu'il hérite aussi des dernières expériences de Bernis, c'est celui de l'action-sacrifice qu'il pratique comme une religion et qu'il doit maintenant éclairer et justifier logiquement. Le but de sa recherche est donc de pouvoir montrer, froidement et objectivement, le fondement ontologique de cette action-sacrifice, et de pouvoir dire pourquoi et au nom de quoi elle est nécessaire: "Il était parvenu à cette frontière où se pose, non le problème d'une petite détresse particulière, mais celui-là même de l'action... Car ni l'action ni le bonheur individuel n'admettent le partage:

---

[8]Ibid. p. 121.

[9]Ibid. p. 92.

[10]Ibid. p. 85.

ils sont en conflit... Si la vie humaine n'a pas de prix, nous agissons toujours comme si quelque chose dépassait, en valeur, la vie humaine... Mais quoi? Et Rivière songeant à l'équipage, eut le coeur serré. L'action, même celle de construire un pont, brise des bonheurs; Rivière ne pouvait plus ne pas se demander: "au nom de quoi?"[11]

Un nom s'offre à lui, celui de l'éternité:" Il existe peut-être quelque chose d'autre à sauver et de plus durable, pensait Rivière; peut-être est-ce à sauver cette part-là de l'homme qu'il travaille? Sinon l'action ne se justifie pas... Une phrase lui revint: "il s'agit de les rendre éternels"... Où avait-il lu cela? Ce que vous poursuivez en vous-même meurt".[12]

Il n'est pas le seul à pousser ses hommes à se sacrifier pour l'éternité: il a des prédécesseurs, ses témoins historiques dont les Incas: "Il revit un temple au dieu du soleil des anciens Incas du Pérou... "Au nom de quelle dureté, ou de quel étrange amour, le conduicteur de peuples d'autrefois, contraignant ses foules à tirer ce temple sur la montagne, leur imposa-t-il donc de dresser leur éternité?" Rivière revit encore en songe les foules des petites villes qui tournent le soir autour de leur kiosque à musique. "Cette sorte de bonheur, ce harnais...", pensa-t-il. "Le conducteur de peuples d'autrefois, s'il n'eut pas pitié de la souffrance de l'homme, eut pitié immensément de sa mort".[13]

Il se souvient aussi de ces hommes des îles et de ces bâtisseurs de tous les temps qui se liguent pour bâtir ensemble des navires ou des cathédrales pour durer: "Tous grandis, tous tirés hors d'eux-mêmes, tous délivrés par un navire". Le but peut-être ne justifie rien, mais l'action délivre de la mort. Ces hommes duraient par leur navire".[14]

Cette aspiration à l'éternité et ce mépris du bonheur médiocre devrait constituer, selon l'auteur, la réalité de la vie de chaque jour. Et c'est ainsi qu'il donne aux différents personnages du roman des noms symboliques: le

---

[11]Ibid. pp. 120, 121.

[12]Ibid. p. 121.

[13]Ibid. p. 121.

[14]Ibid. p. 130.

héros s'appelle Rivère, c'est-à-dire fleuve ou cours d'eau coulant sans cesse pour se perdre dans l'océan, symbole de l'unité et de l'éternité de l'Etre. L'auteur ne le surnomme-t-il pas "l'éternel voyageur"? Les pilotes doivent être des "Fabien" au des "Pèlerin". Fabien, du latin "faber", ouvrier ou artisan, et on se souvient du dicton: "Faber quisque fortunae suae" (chacun est l'artisan de sa destinée), ce qui est bien dans la ligne philosophique st.-exupérienne: se créer l'être que l'on devrait être par sa propre action-sacrifice. "Pèlerin" est celui qui fait le pèlerinage vers la ville sainte, symbole encore de l'unité et de l'éternité et de la divinté, symbole préféré de l'auteur de *Citadelle*.[15] L'ouvrier manuel qui échange son labeur et sa laideur physique contre la beauté du travail et de la création s'appelle "Leroux." Et le bureaucrate, sédentaire et prisonnier de sa misère de bonheur bourgeois s'appelle "Robineau", ou "petit Robin", ou "l'homme de la loi", au sens péjoratif camusien.

Mais comment Rivère conçoit-il cette part durable de l'homme contre laquelle il peut s'échanger et qui pourra le sauver de son angoisse et de sa condition mortelle? Ici, de nouveau, l'auteur nous répond encore par des symboles et des comparaisons. Il compare, en effet, cette part éternelle de l'homme à un navire, ou à un temple, ou encore à un phare. "Navire" des hommes des "Iles": "ces hommes duraient par leur Navire": "temple des Incas:" "Au nom de quelle dureté ou de quel étrange amour, le conducteur de peuples d'autrefois, contraignant ses foules à tirer ce temple sur la montagne, leur imposa-t-il donc de dresser leur éternité?"; et "phare" dont il est lui-même un des rares gardiens: "Il songeait à l'isolement des gardiens de phares". Et ce sera seulement à travers ce langage symbolique que nous pourrons essayer de découvrir la conception métaphysique de l'auteur dans ce deuxième roman qu'est Vol de Nuit.

Navire, temple et phare sont en effet des symboles universels, des archétypes (pour reprendre l'expression jungienne), ou des miroirs pour nous refléter une réalité supérieure et invisible. Dépassant la vie individuelle de l'homme, ils expriment d'abord l'image de la durée ou de l'immortalité qui peut le sauver et le conduire au bord de l'Eternité. Unissant ensuite les

---

[15]*Citadelle*, in Oeuvres. pp. 929, 938, 901.

destins individuels et séparés, ils symbolisent cette unité et cette universalité qui peuvent sauver l'homme de son état de séparation, d'isolement et de solitude. Enfin, conduisant l'homme dans son voyage ou son pèlerinage physique ou ontologique, ils lui représentent l'image de dépassement et de transcendance, de numinosité et de sacralité libérant l'homme de sa condition existentielle et grossière pour atteindre l'essence sacrée et lumineuse de l'Etre. L'homme, en effet, ne sera sauvé, c'est-à-dire libéré de son angoisse et de sa solitude devant la mort et la finitude humaine que quand il se sentira unifié à l'Etre universel, formant avec tout et tous ce "corps mystique", dépassant les vies et les morts particulières pour vivre éternellement et essentiellement cette vie cosmique: navire, temple et phare étant aussi des symboles du Cosmos.

Mais l'immortalité ou l'éternité, l'unité ou l'universalité, la transcendance ou la numinosité...toutes ces qualités de l'Etre ne sont rien d'autre que des atributs de la divinité. "Navire" ne s'entend pas sans l'image de l'arche de Noé sauvant l'homme de la mort et du déluge, navire primordial ou archétypal construit sous l'ordre et l'instruction directe de Dieu. "Temple", non plus, ne s'entend pas sans un culte divin ou la présence divine dans la nature, et on se souvient du temple et de la nature de Baudelaire:

> "La nature est un temple où de vivants piliers
> Laissent parfois sortir de confuses paroles.
> L'homme y passe à travers des forêts de symboles
> Qui l'observent avec des regards familiers..."[16]

"Phare" enfin, est le symbole par excellence de la divinité que le même Baudelaire a immortalisé dans son poème du même nom, *Les Phares*:

> ...Car c'est vraiment, Seigneur, le meilleur témoignage
> Que nous puissions donner de notre dignité
> Que cet ardent sanglot qui roule d'âge en âge.
> Et vient mourir au bord de votre éternité".[17]

---

[16] Baudelaire, Les Fleurs du Mal, Correspondances.

[17] Baudelaire, Les Fleurs du Mal, Les Phares.

La recherche de l'homme st.-exupérien de l'unité et de l'immortalité, de la transcendance et de la numinoisté s'identifie donc avec sa recherche de la divinité. Et on se rend compte de la profondeur de la conclusion de l'ontologie sartrienne: "L'homme se fait homme pour être Dieu".[18] Dire qu'il y a dans l'homme une part durable et éternelle revient simplement à dire qu'il y a dans l'homme une part de la divinité, et que son devoir ou sa dignité essentielle est de se sacrifier pour sauver cette part divine.

Mais comment fait-il, le héros de Vol de Nuit, pour sauver cette part divine? L'auteur nous répond que c'est en échangeant son corps périssable: "Mais durer, mais créer, échanger son corps périssable".[19] Tout comme le navire, ou le temple, est construit du labeur et du sacrifice des bâtisseurs, tout comme le phare est nourri de l'énergie et de la vie de ses gardiens, la part éternelle de l'homme ne sera nourrie que de la mort ou du sacrifice de sa part mortelle. Autrement dit, et pour emprunter de nouveau le mot de Sartre, il faut que "l'homme meure pour que Dieu puisse naître", ou encore, "les activités humaines tendent toutes à sacrifier l'homme (ou le pour-soi) pour faire surgir la cause-de-soi ou Dieu".[20]

Mais affirmer qu'il y a une part éternelle dans l'homme et que celui-ci peut la sauver par le sacrifice de sa part mortelle, c'est affirmer en même teme temps contre l'auteur de *L'Etre et le Néant* qu'il y a une "commune mesure" entre l'homme et Dieu, cette commune mesure étant Dieu Lui-même. C'est affirmer, avec St.-Exupéry, que cette loi de l'unité, de la solidarité et de la "circularité" de la vie ou de l'énergie de l'Etre existe. Si l'homme doit mourir pour que Dieu puisse naître, c'est que Dieu, au commencement des temps, a dû mourir pour que l'homme fût né. Si l'homme peut se faire divin par sa propre mort, c'est que Dieu, il était une fois, s'est fait humain par la sienne propre: La vie vient donc de la mort, et la mort donne naissance à la vie: loi du devenir universel à travers le sacrifice perpétuel.

---

[18] L'Etre et le Néant. p. 721.

[19] Vol de Nuit. Oeuvres. p. 106.

[20] L'Etre et le Néant. p. 721.

C'est ainsi que Bergson a pu dire que la "nature est une grande machine à produire des dieux, et que le poète mystique, à son tour, nous a déclaré que "si Dieu ne mourait pas et ne se donnait pas éternellement pour l'homme, l'homme ne pourrait pas exister".[21] Et l'auteur de *Citadelle* va nous affirmer que "nous ne sommes que voie, charroi et passage de Dieu". La discipline de travail et de sacrifice prescrite par l'auteur n'est donc qu'un "cérémonial" d'initiation, un processus de "décréation weilienne" par lequel nous faisons mourir en nous la créature pour en nourrir et ressusciter le Créateur. Autrement dit...un processus de libération du divin, ou de divinisation de l'humain par la transformation ou la transfiguration à travers l'action-sacrifice: C'est donc en mourant, consciemment, dans ses sacrifices successifs que l'homme-créature va recréer son Dieu-Créateur.

Mais n'anticipons rien: nous n'en sommes qu'au stade de Vol de Nuit! Il nous faut encore traverser le désert de *Terre des Hommes* et de *Pilote de Guerre* pour arriver à cette Terre promise qu'est l'éternité ou l'immortalité entrevue par la conscience cosmique.

---

[21]William Blake, Jerusalem, in The Poetry and Prose of W. B., 4th reprinting, Dougleday and Col, 1970, p. 253.

CHAPITRE III

TERRES DES HOMMES

Terre des Hommes, cet ensemble d'articles autobiographiques de St.-Exupéry, va nous éclairer davantage sur la ligne directrice de sa philosophie déjà mise en honneur dans *Courrier Sud* et *Vol de Nuit*: philosophie du devenir à travers le cérémonial de l'échange ou de l'action-sacrifice. Cet effort, ou cette tentative "biologique" de devenir plus grand que soi, par le sacrifice de soi, symbolisée déjà par la quête de Bernis et de Rivière dans les deux premiers romans, est exprimée ici, dans *Terre des Hommes*, sous des formes différentes.

Ce besoin biologique (dans le sens étymologique du mot) s'y exprime d'abord comme un besoin de naître: "Tous, nous dit l'auteur, plus ou moins confusément, éprouvent le besoin de naître... Il est deux cent millions d'hommes en Europe qui n'ont point de sens et voudraient naître... Chaque camarade, ainsi, par un matin semblable, avait senti en lui-même, sous le subalterne vulnérable...naître le responsable du courrier d'Espagne et d'Afrique, naître celui qui, trois heures plus tard, affronterait dans les éclairs, le dragon de l'Hospitalet...Qui va naître? Nous ne sommes pas un chaptel à l'engrais, et l'apparition d'un Pascal pauvre pèse plus lourd que la naissance de quelques anonymes prospères... La vérité, c'est l'homme qui naissait en lui (Mermoz) quand il passait les Andes..."[1]

---

[1]Terre des Hommes, in Oeuvres. pp. 255, 254, 146, 252, 244.

Il s'y exprime ensuite comme un besoin de grandir, de se muer ou de se réveiller: "Chaque camarade, ainsi, confondu dans l'équipe anonyme...avait senti, par un matin semblable, grandir en lui le souverain qui, cinq heures plus tard, abandonnant derrière lui les pluies et les neiges du Nord, répudiant l'hiver, réduirait le régime du moteur, et commencerait sa descente en plein été, dans le soleil éclatant d'Alicante... Ce camarade aux lourdes épaules me parut d'une étrange noblesse; il laissait sous sa rude écorce, percer, l'ange qui avait vaincu le dragon... Et voici que je me souviens, à l'aube du premier courrier, quand nous nous préparions à muer en hommes...ayant eu la chance d'être désignés... Quand un camarade meurt ainsi...,ayant subi sa dernière mutation d'escale... Maintenant la glaise dont tu es formé a séché...et nul en toi ne saurait désormais réveiller le musicien endormi, ou le poète, ou l'astronome qui peut-être t'habitait d'abord... Celui qui ne soupçonnait pas l'inconnu endormi en lui mais l'a senti se réveiller une seule fois dans une cave d'anarchistes à Barcelone, à cause du sacrifice..."[2]

Il s'y exprime encore comme un besoin de se délivrer ou de se libérer, et la condition humaine est ainsi conçue comme une prison, ou comme un bagne dont il faut absolument s'évader: "Vieux bureaucrate, mon camarade ici présent, nul jamais ne t'a fait évader, et tu n'en es point responsable. Tu as construit ta paix à force d'aveugler de ciment, comme le font les termites, toutes les échappées vers la lumière... La magie du métier m'ouvre un monde...où, la nuit venue, délivré, je lirai mon chemin dans les astres... En travaillant pour les biens matériels, nous bâtissons notre prison... On est semblable à ce prisonnier délivré qui s'émerveille de l'immensité de la mer... Nous avons embelli l'image de notre prison... Nous voulons être délivrés... Et nous voulons nous évader du bagne..."[3]

Il s'y exprime enfin comme une vocation secrète du sacré, du numineux, un appel de sacrifice, dans le sens étymologique de se faire sacré, appel de consécration et de transfiguration pour participer au mystère de

---

[2] Ibid. pp. 146, 142, 157, 148, 252.

[3] Ibid. pp. 148, 158, 159, 171, 254.

l'Etre: "Tant de camarades avant moi, le jour de la consécration, avaient subi la même attente, le coeur un peu serré... Ainsi ce matin-là...je me soumettais à mon tour aux rites sacrés du métier... Mais les réverbères défilaient, mais le terrain se rapprochait, mais ce vieil omnibus n'était plus qu'une chrysalide grise dont l'homme sortirait transfiguré..."[4]

Pourquoi ce besoin de devenir? Quelle en est la cause? A-t-il son origine dans l'état inachevé de l'être créé? Est-ce donc une cause ontologique, ontologique et cosmique qui pousse tout être séparé ou isolé, tout être-qui-manque, ou qui n'est pas encore plein, à chercher la plénitude et l'unité dans la totalité de l'Etre? Tout être partiel n'agit-il pas comme la lune partielle de Sartre, qui a besoin d'un autre morceau de lune pour être totalement pleine? L'auteur de Terre des Hommes semble nous répondre par l'affirmative. Laissons-lui ici la parole: "Ce que nous sentons, quand nous avons faim, de cette faim qui poussait les soldats d'Espagne sous le tir vers la leçon de botanique...c'est que la genèse n'est point achvée, et qu'il nous faut prendre conscience de nous-mêmes et de l'univers... Plus rien ne saurait prévaloir contre un sentiment de plénitude qui satisfait je ne sais quel besoin essentiel que nous ne nous connaissions pas... Nous avons tous connu des boutiquiers qui au cours de quelque nuit de naufrage ou d'incendie, se sont révélés plus grands qu'eux-mêmes. Ils ne se méprennent point sur la qualité de leur plénitude: cet incendie restera la nuit de leur vie... La vérité, ce n'est point ce qui se démontre... Si cette religion...cette échelle de valeurs...favorisent dans l'homme cette plénitude, délivrent en lui un grand seigneur qui s'ignorait, c'est que cette échelle de valeurs, cette culture, cette forme d'activité sont la vérité de l'homme..."[5]

Et l'auteur nous montre les symptômes caractéristiques de ce mal ontologique chez l'homme comme chez l'animal. Il le compare à un "chagrin inconnu", ou à une certaine "nostalgie": nostalgie de quelque chose de plus grand, de plus haut, quelque chose d'immense que l'on n'a pas encore, mais dont a infiniment soif. Et pour l'illustrer, il a recours à des exemples tirés de

---

[4] Ibid. pp. 145, 147, 146.

[5] Ibid. pp. 244, 245, 258.

sa vie et de son expérience du désert et de la guerre. C'est d'abord, comme chez les gazelles, le besoin ou l'appel de l'étendue qui leur fait mépriser la nourriture et la prison d'or, pour la mort ou la vie pleine dans l'immensité du désert: "On croit les avoir abritées du chagrin inconnu qui éteint sans bruit les gazelles et leur fait la mort la plus tendre...pesant de leurs petites cornes contre l'enclos, dans la direction du désert. Elles sont aimantées... Ce qu'elles cherchent, vous le savez, c'est l'étendue qui les accomplira... Vous les regardez et vous songez: les voilà prises de nostalgie. La nostalgie, c'est le désir d'on ne sait quoi... Il existe, l'objet du désir, mais il n'est point de mots pour le dire. Et à nous, que nous manque-t-il?"[6]

Ou encore comme chez les canards domestiques, le vestige de l'instinct migrateur qui se réveille à la vue du vol triangulaire de leurs frères, les canards sauvages: "Quand passent les canards sauvages à l'époque des migrations, ils provoquent de curieuses marées sur les territoires qu'ils dominent. Les canards domestiques, comme attirés par le grand vol triangulaire, amorcent un bond inhabile. L'appel sauvage réveille en eux je ne sais quel vestige sauvage...Et voilà les canards de la ferme changés pour une minute en oiseaux migrateurs. Voilà que dans cette petite tête dure où circulaient d'humbles images de mare, de vers, de poulailler, se développent les étendues continentales, le goût des vents du large, et la géographie des mers."[7]

Ou enfin, comme chez ce comptable à Barcelone, un certain désir d'accomplissement et d'unité qui, à l'exemple de ses camarades partant l'un après l'autre pour la guerre, lui faisait sentir une lente et étrange transformation dans son coeur, et finalement l'obligeait de partir et de mourir à son tour: "Que trouveras-tu ici, sergent, qui t'apportât le sentiment de ne plus trahir ta destinée? Peut-être ce bras fraternel qui soulèvera ta tête endormie, peut-être ce sourire tendre qui ne plaignait pas, mais partageait? Plaindre, c'est endore être deux. C'est encore être divisé. Mais il existe une altitude des relations où la reconnaissance comme la pitié

---

[6]Ibid. pp. 250, 251.

[7]Ibid. p. 250.

perdent leur sens. C'est là que l'on respire comme un prisonnier délivré. Nous avons connu cette union... Nous étions les branches d'un même arbre... On découvre à cette minute-là cette unité qui n'a plus besoin de langage... J'ai compris ton départ. Si tu étais pauvre à Barcelone, seul peut-être après le travail...tu rejoigneais l'universel: voici que toi, le paria, tu étais reçu par l'amour"[8]

C'est donc le mal ontologique de la partie qui tend vers le Tout, du divisé, vers l'unité, et de l'individuel, vers l'universel. Autrement dit, c'est le fini qui aspire vers l'infini, ou le processus du devenir ou, comme le dit Victor Hugo, le processus de "l'élargissement dans l'infini sans fond":

"L'avenir tel que les cieux le font
C'est l'élargissement dans l'infini sans fond"[9]

Mais comment réaliser cette untié et cette universalité? L'auteur n'a qu'une seule réponse: par le développement de la conscience à travers le sacrifice: c'est-à-dire à travers le renoncement et la souffrance comme autant de moyens d'échange ou de transformation de la matière grossière et existentielle en énergie essentielle et spirituelle: C'est la loi de "l'alcnimie de la douleur" baudeliarienne et celle, proustienne, de la transformation d'énergie.

C'est en tout cas la loi st.-exupérienne de l'échange ou de la magie de la souffrance ou du travail-sacrifice: Il faut une nuit d'incendie ou de naufrage" pour que les boutiquiers gras se soient révélés plus grands qu'eux-mêmes, et qu'ils puissent découvrir en eux "le grand seigneur qui s'ignorait". Il faut aussi au pilote de ligne des dangers et des souffrances qui sont comme autant de "rites sacrés" ou de "baptêmes professionnels" pour le préparer "aux dures joies du métier": "Je ne me plains plus des rafales de pluie. La magie du métier m'ouvre un monde où j'affronterai, avant deux heures, les dragons noirs et les crêtes couronnées d'une chevelure d'éclairs bleus, où, la nuit venue, délivré, je lirai mon chemin dans les astres."

---

[8]Ibid. p. 251.

[9]Victo Hugo, La Légende des Siècles, Le satyre.

Le candidat à l'initiation au monde universel et spirituel de la conscience doit proclamer son renoncement au monde partiel et profane, tout comme le néophyte du batême son "Renuntio" avant d'entrer dans l'église de son Dieu, tout comme le pilote de ligne doit renoncer à toutes ces lumières humaines avant d'entrer dans celles des astres: "Je renonce au soleil, je renonce aux grandes surfaces dorées..., je renonce aux repères qui m'eussent guidé, je renonce aux profils des montagnes... Je n'ai plus pour moi que des étoiles... Cette mort au monde se fait lentement... Je sens venir la nuit où l'on s'enferme comme dans un temple. Où l'on s'enferme, aux secretes de rites essentiels, dans une méditation sans recours. Tout ce monde profane s'efface déjà et va disparaître. Tout ce paysage est encore nourri de lumière blonde, mais quelque chose déjà s'en évapore. Et je ne connais rien, je dis rien, qui vaille cette heure-là. Et ceux-là me comprennent bien qui ont subi l'inexplicable amour du vol".[10]

C'est, comme pour le peuple hébreu, la traversée du désert et de la Mer morte avant d'atteindre la Terre promise. C'est aussi pour le moi, le renoncement et l'annihilation totale du monde extérieur et profane avant de pouvoir entrer dans le monde intérieur et sacré du Soi. C'est enfin comme pour les Alchimistes, la solution ou la liquéfaction avant la nouvelle coagulation: "Nous avons aimé le désert. S'il n'est d'abord que vide et que silence, c'est qu'il ne s'offre pas aux amants d'un jour. Un simple village de chez nous déjà se dérobe. Si nous ne renonçons pas, pour lui, au reste du monde, si nous ne rentrons pas dans ses coutumes, ses traditions..."[11]

Le sacrifice, ou le renoncement et la souffrance vont donc réveiller, purifier et développer la conscience humaine. Ils la font progresser de ce stade personnel et superficiel, dualistique et antithétique où s'enferme encore l'homme divisé, vers le stade universel et spirituel, harmonique et synthétique où l'homme sera unifié et réconcillié avec la totalité de l'Etre. Autrement dit, ils vont faire passer la conscience du stade de la conscience du moi à celui de la conscience du Soi, du stade de la conscience réfléchie à

---

[10] Ibid. p. 212.

[11] Ibid. p. 187

celui de la conscience cosmique. C'est cette dernière qui va permettre à l'homme de pénétrer dans le monde intérieur de la vie, le monde de l'esprit, et de participer ainsi à ce jeu secret, à cette divine comédie qui se joue en profondeur, sous l'apparence des choses: monde de la conscience et de l'amour, monde primordial, magique et ésotérique où se parle le seul "langage oublié", langage archétypique ou symbolique, monde réservé seulement aux yeux d'un coeur purgé de tout intérêt du moi. Tout comme le monde du vol et son langage caché révélés seulement au pilote initié; tout comme le monde secret du désert, offert seulement à ses fidèles amants; tout comme le monde de l'enfance, à jamais étranger à tous ceux qui ont perdu leur innocence: "Ainsi, les nécessités qu'impose un métier transforment et enrichissent le monde. Il n'est même point besoin de nuit semblable pour faire découvrir par le pilote de ligne un sens nouveau aux vieux spectacles... Cette masse nuageuse qui barre l'horizon, cesse pour lui d'être un décor. Elle intéressa ses muscles et lui posera des problèmes. Déjà il en tient compte... Il la mesure, un langage véritable la lie à lui... La terre ainsi est à la fois déserte et riche. Riche de ses jardins secrets, cachés, difficiles à atteindre, mais auxquels le métier nous ramène toujours, un jour ou l'autre... J'admire ce Maure qui ne défend pas sa liberté, car dans le désert on est toujours libre, qui ne défend pas de trésors visibles, car le désert est nu, mais qui défend un royaume secret... Tel est le désert. Un Coran, qui n'est qu'une règle de jeu, en change le sable en empire. Au fond d'un Sahara qui serait vide, se joue une pièce secrète, qui remue les passions des hommes. La vraie vie du désert n'est pas faite d'exodes de tribus à la recherche d'une herbe à paître, mais du jeu qui s'y joue encore... Et N'EN ES-TIL PAS AINSI POUR TOUS LES HOMMES? En face de ce désert transfiguré, je me souviens des jeux de mon enfance, du parc sombre et doré que nous avions peuplé de dieux... Que reste-t-il lorsque, devenu homme, on vit sous d'autres lois, du parc plein d'ombre de l'enfance, magique, glacé, brûlant, dont maintenant, lorsqu'on y revient, on longe avec une sorte de désespoir, de l'extérieur, le petit mur de pierres grises, s'étonnant de trouver fermée dans une enceinte aussi étroite, une province dont on avait fait son infini, et comprenant que dans cet infini on ne rentrera jamais plus, car c'est dans le jeu, et non dans le parc qu'il faudrait rentrer... Le désert? Il m'a été donné de l'aborder un jour par le coeur..."[12]

C'est par cette prise de conscience cosmique que nous découvrons ces liens invisibles de solidarité et d'unité qui nous lient à tous les hommes: "Puisqu'il suffit, pour nous délivrer, de nous aider à prendre conscience d'un but qui nous relie les uns aux autres, autant le chercher là où il nous unit tous... Pourquoi nous haïr? Nous sommes solidaires, emportés par la même planète, équipage d'un même navire. Et s'il est bon que des civilisations s'opposent pour favoriser des synthèses nouvelles, il est monstrueux qu'elles s'entre-dévorent... On découvre que l'on appartient à la même communauté. On s'élargit par la découverte d'autres consciences. On se regarde avec un grand sourire. On est semblable à ce prisonnier délivré qui s'émerveille de l'immensité de la mer... Telle est la morale que Mermoz et d'autres nous ont enseignée. La grandeur d'un métier est peut-être, avant tout, d'unir les hommes: il n'est qu'un luxe véritable, et c'est celui des relations humaines".[13]

Cette prise de conscience cosmique nous fait découvrir aussi nos liens d'unité et de solidarité avec la nature et le monde physique, comme cette force de gravité qui a soutenu et attiré l'auteur tombé et endormi dans le désert vers le centre de la terre, force qui s'est avérée aussi douce et aussi souveraine que celle de l'amour, ou plutôt de l'amour encore inconscient, pour reprendre le mot teilhardien: "Mais je ne tombai point. De la nuque aux talons, je me découvrais noué à la terre. J'éprouvais une sorte d'apaisement à lui abandonner mon poids. La gravitation m'appraissait souveraine comme l'amour. Je sentais la terre étayer mes reins, me soutenir, me soulever me transporter dans l'espace nocturne. Je me découvrais appliqué à l'astre par une pesée des virages qui vous appliquent au char. Je goûtais cet épaulement admirable, cette solidité, cette sécurité, et je devinais, sous mon corps, ce pont courbe de mon navire. J'avais si bien conscience d'être emporté que j'eusse entendu sans surprise monter, du fond des terres,

---

[12]Ibid. pp. 153, 154, 157, 198, 208, 209.

[13]Ibid. pp. 256, 158, 159.

la plainte des matériaux qui se réajustent dans l'effort... Mais cette pesée se révélait, dans mes épaules, harmonieuse, soutenue, égale pour l'éternité. J'habitais bien cette patrie, comme les corps des galériens morts, lestés de plomb, le fond des mers... Je ne sais pas ce qui se passe en moi. Cette pesanteur me lie au sol quand tant d'étoiles sont aimantées. Une autre pesanteur me ramène à moi-même. Je sens mon poids qui me tire vers tant de choses! (...)... On croit que l'homme est libre... On ne voit pas la corde qui le rattache, comme un cordon ombilical, au ventre de la terre..."[14]

Elle nous fait voir aussi ces liens invisibles d'unité et de solidarité avec tous les éléments cosmiques dans leur évolution historique: "Nous voilà jugeant l'homme à l'échelle cosmique... Nous voilà relisant notre histoire... Mais je connais, à dix kilomètres de Punta Arenas, un étang qui nous le démontre. Cerné d'arbres rabougris et de maisons basses, humble comme une mare dans une cour de ferme, il subit inexplicablement les marées. Poursuivant nuit et jour sa lente respiration parmi tant de réalités paisibles, ces roseaux, ces enfants qui jouent, il obéit à d'autres lois. Sous la surface unie, sous la glace immobile, sous l'unique barque délabrée, l'énergie de la lune opère. Des remous marins travaillent, dans ses profondeurs, cette masse noir... Cette mare de cent mètres de large, au seuil d'une ville où l'on se croit chez soi, bien établi sur la terre des hommes, bat du pouls de la mer. Nous habitons une planète errante. De temps à autre, grâce à l'avion, elle nous montre son origine: une mare en relation avec la lune révèle des parentés cachées - mais j'en ai connu d'autres signes."[15]

Elle nous fait voir enfin les liens de relation qui nous lient au divin comme au but suprême de notre évolution, le "noeud divin qui noue les choses", comme le dira le roi berbère de *Citadelle*, ou le "Centre d'attraction Oméga, pour reprendre le mot du Père Teilhard: "D'où les hommes tirent-ils ce goût d'éternité, hasardés comme ils sont sur une lave encore tiède et déjà menacés par les sables futurs, menacés par les neiges?... Née (la jeune fille) hier de volcans, de pelouses ou de la saumure des mers, la voici déjà à demi

---

[14] Ibid. pp. 177, 179, 237.

[15] Ibid. pp. 172, 173, 174.

divine... Le chirugien parle un langage universel. De même le physicien, quand il médite ces équations presque divines par lesquelles il saisit à la fois et l'atome et la nébuleuse. Et ainsi jusqu'au simple berger. Car celui-là qui veille modestement quelques moutons sous les étoiles, s'il prend conscience de son rôle, se découvre plus qu'un serviteur. Il est une sentinelle. Et chaque sentinelle est responsable de tout l'empire... Quand nous prendrons conscience de notre rôle, même le plus effacé, alors seulement nous pourrons vivre en paix et mourir en paix, car ce qui donne un sens à la vie, donne un sens à la mort."[16]

Ces "liens", ou ces "noeuds" ou "ces visages divins" qui se manifestent dans les songes d'une jeune fille, ou dans les équations mathématiques du savant, ou dans la prise de soncience d'un simple berger, se laissent aussi deviner dans le sacrifice et la dévotion de cette vieille gouvernante qui se brûle les yeux pour raccommoder les nappes d'autel de son Dieu, enseignant par là à l'auteur le sens de l'éternité; ou dans ceux des paysans de la ferme qui meurent pour donner naissance à leurs enfants, continuant ainsi la succession de la chaîne, ou les métamorphoses de l'Etre: "Non, je ne logeais plus entre le sable et les étoiles. Je ne recevais plus du décor qu'un message froid, et ce goût même d'éternité que j'avais cru tenir de lui, j'en découvrais maintenant l'origine. Je revoyais les grandes armoires solennelles de la maison. Elles s'entr'ouvraient sur des piles de draps blancs comme neige. La vieille gouvernante trottait comme un rat de l'une à l'autre, toujours vérifiant, dépliant, repliant, recomptant le linge blanchi, s'écriant: "Ah! mon Dieu, quel malheur! "a chaque signe d'une usure qui menaçait l'éternité de la maison, aussitôt courant se brûler les yeux sous quelques lampes, à réparer la trame des ces nappes d'autel, à ravauder ces voiles de trois mâts, à servir je ne sais quoi de plus grand qu'elle, un Dieu ou un navire...(...) Je regardais la mère, cette vieille paysanne au visage paisible et dur... Et j'y reconnaissais le visage des fils. Ce masque avait servi à imprimer le leur. Ce corps avait servi à imprimer ces corps, ces beaux exemplaires d'hommes. Et maintenant, elle reposait brisée, mais comme une gangue dont on a retiré le fruit. A leur tour, fils et filles, de leur chair, imprimeraient des petits d'hommes. On ne

---

[16]Ibid. pp. 173, 256, 257.

mourrait pas dans la ferme. La mème est morte, vive la mère! Douloureuse, oui, mais tellement simple cette image de la lignée, abadonnant une à une, sur son chemin, ses belles dépouilles à cheveux blancs, marchant vers je ne sais quelle vérité, à travers ses métamorphoses".[17]

Et comme l'amour chez l'hommes st.-exupérien n'est que "la connaissance des visages", cette conscience universelle va engendrer, par voie de conséquence, l'amour et la responsabilité universelle; c'est-à-dire l'amour et la responsabilité entre l'homme et le monde naturel, l'homme et le monde humain, et enfin l'homme et le monde divin.

Il aimera la terre et la nature comme sa mère nourricière, à laquelle il est attaché par cette loi de gravité comme par le cordon ombilical, et à laquelle il s'abandonnera plein de confiance et de reconnaissance. Il se sentira lié d'amour, comme ce jardinier, à toutes les terres: "Vous savez, dit-il...parfois je suais quand je bêchais... Eh bien! Aujourd'hui, je voudrais bêcher, bêcher dans la terre. Bêcher, ça me paraît tellement beau! On est tellement libre quand on bêche! Et puis, qui va tailler mes arbres?" Il était lié d'amour à toutes les terres et à tous arbres de la terre."[18]

Il aimera ensuite l'homme, son prochain, parce qu'il voit en ce dernier l'Homme, tous les hommes, ses frères de sang, les "branches d'un même arbre: "Tu es l'Homme et tu m'apparais avec le visage de tous les hommes à la fois. Tu ne nous a jamais dévisagés, et déjà tu nous as reconnus. Tu es le frère bien-aimé. Et à mon tour, je te reconnaîtrai dans tous les hommes".[19]

Il aimera et recherchera enfin le monde divin qu'il pressent en lui-même comme la seule réalité, comme l'origine, la fin et l'essence de cette vie, dont il n'est que l'instrument, et dont il se sacrifie ou s'échange pour faire manifester toujours plus la présence et la réalité": leçon déjà donnée par la vieille gouvernate ou ces paysans de la ferme qui meurent "pour que Dieu puisse naître".

---

[17]Ibid. pp. 178, 257.

[18]Ibid. p. 167.

[19]Ibid. p. 243.

L'homme de cette conscience cosmique se sentira ainsi qu'il est enfin "élargi dans l'infini sans fond", et qu'il vit et meurt de la vie et de la mort, ou des métamorphoses de l'Etre. Sa vie et sa mort ont donc un sens, celui de vivre et de mourir pour redonner naissance à l'Etre dont il est. L'angoisse ontologique de l'être-qui-manque ou de l'être divisé a donc perdu sa raison d'être dans cette conscience de l'unité et de la plénitude de l'Etre. Cette vie de l'homme de la conscience cosmique, réalisée à travers la souffrance ou l'action-sacrifice, est celle de l'Esprit. Et "seul l'Esprit, comme le dit St.-Exupéry, s'il souffle sur la glaise, peut créer l'homme": le créer et aussi le sauver, car pour lui, le salut ne se trouve que dans sa mue, ou dans son devenir, ou encore dans son passage de la conscience du moi à la conscience du Soi à travers la souffrance de la transformation et de l'échange, leçon déjà chantée par Alfred de Musset,[20] le poète de l'amour et de la souffrance par excellence:

> "Puisque jusqu'aux rochers tout se change en poussière,
> Puisque tout meurt ce soir pour revivre demain,
> Puisque c'est un engrais que le meurtre et la guerre,
> Puisque sur une tombe on voit sortir de terre
> Le brin d'herbe sacré qui nous donne le pain,
>
> O Muse! que m'importe ou la mort ou la vie?
> J'aime et je veux pâlir, j'aime et je veux souffrir,
> J'aime et pour un baiser je donne mon génie,
> J'aime et je veux sentir sur ma joue amaigrie,
> Ruisseler une source impossible à tarir."

---

[20] Alfred de Musset, La Nuit d'Août

CHAPITRE IV

PILOTE DE GUERRE

Pilote de Guerre est la profession de foi de St.-Exupéry, ou selon son propre mot, la proclamation de son "credo". Le thème essentiel en est bien celui de la naissance à l'Etre dont on est à travers l'action-sacrifice; ou pour reprendre l'expression jungienne, celui de la découverte du Soi par le sacrifice du moi.

Le message de ce récit meditatif peut être divisé en deux temps: celui d'avant "la mission sacrifiée", et celui d'après. Autrement dit, celui de l'état de conscience du pilote de guerre avant le feu de l'ennemi, et celui de son état de conscience pendant et après le feu. Ces deux temps et ces deux états de conscience respetifs sont ainsi résumés par l'auteur-pilote lui-même: "Je me suis habillé, aujourd'hui, pour le service d'un dieu à l'égard duquel j'étais aveugle. Le tir d'Arras a brisé l'écorce et j'ai vu."[1]

Ces deux états de conscience ont créé pour le pilote deux univers opposés: celui d'en-bas, ou celui du sol avec un degré de conscience retardé; et celui d'en-haut, ou celui du vol avec un degré de conscience avancé: "Je ne puis pas ne pas opposer ces deux univers, nous dit-il, l'univers de l'avion et celui du sol. Je viens d'entraîner Dutertre et mon mitrailleur au delà des limites permises. Nous avons vu flamber la France. Nous avons vu luire la mer. Nous avons vieilli en haute altitude. Nous nous sommes penchés vers une terre lointaine comme sur des vitrines de musée... Nous nous sommes

---

[1]Pilote de Guerre, in Oeuvres. p. 383.

jetés dans l'incendie. Nous avons tout sacrifié. Et là nous avons plus appris sur nous-mêmes que nous n'eussions appris en dix années de méditation. Nous sommes sortis enfin de ce monastère de dix années."[2]

Avant le feu de l'épreuve ou du sacrifice, dans l'univers du sol, c'est le temps ordinaire, temps de la paix, temps du sommeil de l'esprit: temps de la vie banale où l'homme, comme le pilote, s'occupe des choses superficielles ou des "balivernes". Il y vit en aveugle, sous le règne du corps, du moi et de son intelligence logique. Il s'identifie, en effet, avec cette trinité éphémère, et essaie de tout faire pour la sauver, dans ce monde comme dans l'autre. Mais comme cette fameuse trinité est toujours manacée, l'homme ordinaire vit toujours hanté pa le sentiment d'angoisse: Il vit, en effet, dans l'erreur et l'illusion, dans l'absence d'identité véritable qui, selon l'auteur, est la cause de l'angoisse humaine. C'est la vie de la caverne platonicienne, ou celle de la prison st.-exupérienne.

Puis vient le temps du feu de l'ennemi dans l'univers du vol: temps extraordinaire de la guerre et du danger; temps de l'épreuve et du sacrifice, temps de l'urgence où la chair se brise et le voile se déchire; temps où la caverne ou la prison s'ouvre, où l'esprit se réveille et nous fait voir le monde avec ses propres yeux. Nous découvrons alors notre vraie identité, et nous nous désolidarisons volontiers d'avec notre fameuse trinité: Nous ne sommes pas notre corps, mais notre corps est de nous. Il est notre instrument de service, et nous l'abandonnons sans regret quand il ne peut plus nous servir:

"Sur le corps, j'ai deux mots à dire, nous dit l'auteur... Dans la vie de chaque jour, on est aveugle à l'évidence. Il faut, pour que l'évidence se montre, l'urgence de telles conditions. Il faut cette pluie de lumières montantes, il faut cet assaut de coups de lances, il faut enfin que ce soit dressé ce tribunal pour jugement dernier. Alors on comprend... L'épreuve, j'en faisais une épreuve pour ma chair. Je l'imaginais subie dans ma chair. Le point de vue que j'adoptais nécessairement était celui de mon coprs même. On s'est tant occupé de son corps! On l'a tellement habillé, lavé, soigné, rasé, abreuvé, nourri. On s'est identifié à cet animal domestique. On l'a conduit chez le tailleur, chez le médecin... On a souffert avec lui. On a

---

[2]Ibid. p. 360.

crié avec lui, aimé avec lui. On dit de lui: "C'est moi". Et voilà tout à coup cette illusion s'éboule. On se moque bien du corps! On le relègue au rang de valetaille. Que la colère se fasse un peu vive, que l'amour s'exalte, que la haine se noue, alors craque cette fameuse solidarité."[3]

Il faut lire ces pages de révélation où l'auteur nous déclare que l'homme ne meurt pas, ne se perd pas, ne se retranche pas, mais qu'il se rerouve, se confond et s'échange...quad le corps se défait: "Le feu non seulement a fait tomber la chair, mais du même coup le culte de la chair. L'homme ne s'intéresse plus à soi. Seul s'impose à lui ce dont il est. Il ne se retranche pas s'il meurt: il se confond. Il ne se perd pas: Il se retrouve. Ceci n'est point souhait de moraliste. C'est une vérité usuelle, une vérité de tous les jours qu'une illusion de tous les jours couvre d'un masque impénétrable... Mon corps, je me fous bien de toi! Je suis expulsé de toi, je n'ai plus d'espoir, et rien ne me manque. Je renie tout ce que j'étais jusqu'à cette seconde-ci. Ce n'est ni moi qui pensais, ni moi qui éprouvais. C'était mon corps. Tant bien que mal, j'ai dû, en le tirant, l'amener jusqu' ici d'où je découvre qu'il n'a plus aucune importance... Quand le corps se défait, l'essentiel se montre. L'homme n'est qu'un noeud de relations. Les relations comptent seules pour l'homme."[4]

L'homme n'est pas non plus son moi individuel qui n'est que l'image de son corps, le résultat des "engrammes nerveux", comme le dirait l'homme de science[5]: "Il a fallu ce voyage difficile, nous dit l'auteur, pour que je distingue ainsi en moi, tant bien que mal, l'individu que je combats de l'Homme qui grandit. Je ne sais ce que vaut l'image qui me vient, mais je me dis: l'individu n'est qu'une route. L'Homme qui l'emprunte compte seul... Je me dis: C'est le tir d'Arras... Le tir a brisé une écorce. Toute cette journée-ci j'ai sans doute préparé en moi la demeure. Je n'étais que gérant grincheux. C'est ça, l'individu. Mais l'Homme est apparu. Il s'est imstallé à ma place, tout simplement. Il a regardé la foule en vrac, et il a vu un peuple.

---

[3]Ibid. p. 345.

[4]Ibid. pp. 345, 346, 347.

[5]Dr. Roger Godel, Essais sur l'Expérience libératrice, Gallimard, 1952.

Son peuple. L'Homme, commune mesure de ce peuple et de moi...(...) Je combattrai pour la primauté de l'Homme sur l'individu, comme de l'universel sur le particulier... Je combattrai pour l'Homme contre ses ennemis. Mais aussi contre moi-même".[6]

Enfin, l'homme n'est pas non plus son intelligence logique, cet instrument analytique enfermé dans son système dualistique des contraires. Son utilité n'est que pratique et empirique, et elle doit être au service de notre coeur et de notre esprit qui seul peut nous sauver en nous faisant découvrir nos liens d'amour et d'unité avec l'Etre: "La victoire est fruit de l'amour, nous dit l'auteur. L'amour reconnaît seul le visage à pétrir. L'amour seul gouverne vers lui. L'intelligence ne vaut qu'au service de l'amour.... Ni l'intelligence, ni le jugement ne sont créateurs. Si le scuplteur n'est que science et intelligence, ses mains manqueront de génie. Nous nous sommes trompés trop longtemps sur le rôle de l'intelligence. Nous avons négligé la substance de l'homme... Nous avons négligé l'Etre".[7]

Notre intelligence logique peut nous fournir aussi des excuses, des tentations et des distractions pour nous faire éluder le vrai devoir dicté par notre instinct, comme l'a déjà dit l'auteur d'*A la Recherche du Temps perdu*".[8] Voici ce que nous dit, à son tour l'auteur de Pilote de Guerre: "Ça ruine la vie de l'esprit, la logique pure. La tentation, je connais en quoi elle consiste aussi bien qu'aucun Père de l'Eglise. Etre tenté, c'est être tenté, quand l'Esprit dort, de céder aux raisons de l'intelligence... Nous avons failli crever en France de l'intelligence sans substance..."[9]

L'homme du temps extraordinaire ou du temps de l'urgence, tout comme le pilote de guerre, voit clairement, comme dans un éclair, que son corps, son moi et son intelligence logique ne sont pas importants, mais seulement des instruments ou "voie, charroi et passage" pour plus grand qu'eux. Et le salut de l'homme ne consistera donc pas dans le sauvetage de

---

[6] Pilote de Guerre, in Oeuvres. pp. 361, 371, 384.

[7] Ibid. p. 365.

[8] Marcel Proust, A la Recherche du Temps perdu, t. III, p. 879.

[9] Pilote de Guerre, in Oeuvres. pp. 275, 287, 355, 365.

ces véhicules passagers, mais bien dans leur usage sacrificiel, ou dans leur échange contre quelque chose de plus grand et de plus permanent. Ils ne sont pour nous, comme dans les contes de fée, que ces dons préablables qu'il faut garder tout juste pour pouvoir échanger contre un don ultérieur beaucoup plus précieux.

En d'autres termes, dans ces moments extraordinaires de clairvoyance, l'homme réalise que son corps, son moi et son intelligence logique ne sont que des organes inférieurs et visibles, partiels et existentiels, au service d'un Etre total, essentiel et invisible qui les domine et leur confère unité, identité et signification: C'est le Soi universel de Jung qui surpasse et transcende tous les moi individuels. Et ce Soi est comparé par l'auteur de Pilote de Guerre à une cathédrale qui est plus que la somme des pierres, ou à un pays, un domaine, une patrie...qui sont beaucoup plus que la somme des matériaux qui les composent; ou encore à l'arbre qui est plus que la somme des branches et des racines.

Cet Etre ou ce Soi dont le corps, le moi et l'intelligence logique ne sont que des instruments ou des moyens de passage, l'auteur le conçoit d'abord comme l'Etre spirituel ou Esprit. On se souvient de la conclusion de *Terre des Hommes*: "Seul l'Esprit, s'il souffle sur la glaise, peut créer l'homme". Et nous lisons dans Pilote de Guerre: "L'important est de se gérer dans un but qui ne se montre pas dans l'instant. Ce but n'est point pour l'intelligence, mais pour l'Esprit... L'Esprit seul fertilise l'intelligence. Il l'engrosse de l'oeuvre à venir. L'intelligence la conduria à terme.... Mais l'Esprit ne considère point les objets, il considère le sens qui les noue entre eux".[10]

Mais la vie de l'Esprit chez l'homme ordinaire est intermittante en temps ordinaire: "Il passe de la pleine vision à la cécité absolue, nous dit l'auteur. Celui qui aime son domaine, vient l'heure où il n'y découvre plus qu'assemblage d'objets disparates. Celui qui aime sa femme, vient l'heure où il ne voit dans l'amour que soucis, contrariétés et contraintes. Celui qui goûtait la musique, vient l'heure où il n'en reçoit rien. Vient l'heure, comme maintenant, où je ne comprends plus mon pays. Un pays n'est pas pas

---

[10]Ibid. pp. 287, 366, 275.

somme de contrées, de coutumes, de matériaux que mon intelligence peut toujours saisir. C'est un Etre. Et vient l'heure où je me découvre aveugle aux Etres."[11]

Chez l'homme ordinaire, l'Esprit ne se manifeste qu'en ces moments privilégiés, ceux de la nuit ou du sommeil où les activités du corprs, du moi et de l'intelligence logique sont réduites au minimum: "Je pense par contradictions. Ma vérité est en morceaux, et je ne puis que les considérer l'un après l'autre. Si je suis vivant, j'attendrais la nuit pour réfléchir. La nuit bien-aimée. La nuit, la raison dort, et simplement les choses sont. Celles qui importent veritablement reprennent leur forme, survivent aux destructions des analyses du jour. L'homme renoue ses morceaux et redevient arbre calme."[12]

C'est parce que l'homme ordinaire n'est né que physiquement: il n'est pas encore né spirituellement à l'Etre dont il est. Il n'existe donc pas encore en tant qu'être spirituel, et l'amour et la conscience de l'Etre sont encore chez lui inexistants ou encore à l'état dormant. Pour naître à l'Etre, à son amour et à sa conscience, il lui faut un acte, un don de soi qui s'appelle le sacrifice, le seul acte créateur de l'Etre. C'est dans le sacrifice que l'homme donne "naissance", "substance", "étendue", "densité" et "plénitude" à l'Etre dont il est. Le sacrifice st.-exupérien a donc un sens étymologique de rendre sacré (sacrum facere), et un sens physique et alchimique de changer, transformer ou échanger.

Comme dans le sacrifice de la Messe, on consacre le pain et le vin pour les transformer en corps et en sang divins; comme en physique on brûle l'énergie pour la transformer en lumière; et comme en alchimie on change la matière grossière en or pur, dans le sacrifice, l'homme st.-exupérien transforme son corps, son moi et son intelligence logique...autant d'énergie matérielle en énergie et lumière spirituelles. L'Etre dont nous sommes vit de nos dons et de nos sacrifices comme le feu de son charbon: simple loi de l'unité et de la transsubstancialité de l'Etre. L'existence spirituelle chez

---

[11]Ibid. p. 275.

[12]Ibid. pp. 271, 272.

l'homme commence donc par le sacrifice qui fonde l'Etre et la conscience de l'unité et de l'universalité de l'Etre. Et cette conscience universelle et spirituelle crée en même temps chez l'homme l'amour universel: "Je me sacrifie, donc nous sommes", pourrait dire l'homme st.-exupérien paraphrasant Descartes, après le "je me révolte, donc nous sommes" camusien. Ou bien, pour reprendre la formule sartrienne, chez l'homme, "l'existence (sacrificielle) précède l'essence" (spirituelle):

"L'unité de l'Etre n'est pas transportable par les mots, nous dit l'auteur de Pilote de Guerre. Si je désirais enseigner à des hommes, dont la civilisation l'ignorait, l'amour d'une patrie, ou d'un domaine, je ne disposerais d'aucun argument pour les émouvoir. Ce sont des champs, des pâturages et du bétail qui composent un domaine. Chacun et tous ensemble, ils ont pour rôle de l'enrichir. Il est cependant, dans le domaine, quelque chose qui échappe à l'analyse des matériaux, puisqu'il est des propriétaires qui, par l'amour de leur domaine, se ruineraient pour le sauver. C'est bien au contraire, ce "quelque chose" qui ennoblit d'une qualité particulière les matériaux. Ils deviennent bétail d'un domaine, champs d'un domaine. Ainsi devient-on l'homme d'une patrie, d'un métier, d'une civilisation, d'une religion. Mais pour se réclamer de tels Etres, il convient d'abord de les fonder en soi... On ne fonde en soi l'Etre dont on se réclame que par des actes. Un Etre n'est pas de l'empire du langage, mais de celui des actes... L'acte essentiel ici a reçu un nom. C'est le sacrifice. Sacrifice ne signifie ni amputation, ni pénitence. Il est essentiellement un acte. Il est un don de soi-même à l'Etre dont on prétendra se réclamer. Celui-là seul comprendra ce qu'est un domaine, qui lui aura sacrifié une part de soi, qui aura lutté pour le sauver, et peiné pour l'embellir. Alors lui viendra l'amour du domaine. Un domaine n'est pas la somme des intérêts, là est l'erreur. Il est la somme des dons."[13]

D'où l'idée qui revient sans cesse sous la plume de l'auteur est celle de "bâtir", de "construire", de "fonder" et de "préparer" l'Etre dont nous sommes, car l'Etre ne naît en nous et pour nous que par nous: "Vivre, c'est naître lentement, nous dit l'auteur. Aucune circonstance ne réveille en nous

---

[13]Ibid. pp. 377, 378.

un étranger dont nous n'avons rien soupçonné. Il serait un peu trop aisé d'emprunter des âmes toutes faites. Une illumination soudaine semble parfois faire bifurquer une destinée. Mais l'illumination n'est que la vision soudaine, par l'Esprit, d'une route lentement préparée. J'ai appris lentement la grammaire. On m'exerce à la syntaxe. On a éveillé mes sentiments. Et voilà brusquement qu'un poème me frappe au coeur. Certes, je ne ressens pour l'instant aucun amour, mais si, ce soir, quelque chose m'est révélée, c'est que j'aurai pesamment apporté mes pierres à l'invisible construction. Je prépare une fête. Je n'aurai pas le droit de parler d'apparition soudaine, en moi, d'un autre que moi, puisque cet autre que moi, je le bâtis."[14]

L'Etre spirituel dont nous sommes est ensuite conçu, par l'auteur comme l'Etre universel, c'est-à-dire commun à tout et à tous. D'où son emploi des termes collectifs ou des symboles d'unité, de communauté et de solidarité pour l'exprimer, comme "commune mesure", "réseau de liens", "noeud de relations", "arbre", "cathédrale", "navire", "royaume", "domaine", "groupe", "plus grand que soi", "amour"...il est le centre ou le commun dénominateur de tous les êtres qui ne sont donc que des fractions d'Etre: "Je combattrai pour la primauté de l'universel sur le particulier, nous dit-il... Je crois que le culte de l'Universel exalte et noue les richesses particulières, et fonde le seul ordre véritable, lequel est celui de la vie. Un arbre est un ordre, malgré ses racines qui diffèrent des branches...(...) La communauté spirituelle des hommes dans le monde n'a pas joué en notre faveur. Mais en fondant cette communauté des hommes dans le monde, nous eussions sauvé le monde et nous-mêmes... Commandant Alias..., cette communauté parmi vous, je l'ai goûtée comme un feu pour aveugle. L'aveugle s'assoit et étend ses mains, il ne sait pas d'où lui vient son plaisir. De nos missions nous rentrons prêts pour une récompense au goût inconnu, qui est simplement l'amour... J'ai acquis un lien de plus. J'ai renforcé en moi ce sentiment de communauté qui est à savourer dans le silence... Ce droit-là s'achète très cher: c'est le droit d'être..."[15]

---

[14]Ibid. p. 295.

[15]Ibid. pp. 383, 368, 355.

Ce lien de communate et de parenté, d'unité et de solidarité l'auteur le partage non seulement avec tous les hommes, mais aussi avec toute chose: C'est une solidarité ou communauté cosmique, un sentiment "unanimiste" comme le dirait Jules Romains: "Il est une commune mesure aux qualités que je souhaite aux hommes de ma civilisation. Il est une clef de voûte à la communauté particulière qu'ils doivent fonder. Il est un principe dont tout est sorti autrefois, racines, tronc, branches et fruits... Il est graine puissante dans le terreau des hommes. Il me semble comprendre beaucoup de choses dans mon étrange nuit de village. Le silence est d'une qualité extraordinaire. Le moindre bruit remplit l'espace tout entier, comme une cloche. Rien ne m'est étranger. Ni cette plainte de bétail, ni ce lointain appel, ni ce bruit d'une porte que l'on referme. Tout se passe comme en moi-même. Il me faut me hâter de saisir le sens d'un sentiment qui peut s'évanouir."[16]

Par rapport à cet Etre Universel ou cosmique, l'être individuel et particulier n'est que "l'être de", ou "l'être en", c'est-à-dire l'être de participation, l'être-quiappartient:"... Hochedé sait bien que, s'il se retranche d'avec les siens, il ne glorifia que lui seul. Et dès lors il ne sera plus le Hochedé d'une maison, d'une famille, d'un groupe, d'une patrie. Il ne sera plus que le Hochedé d'un désert...(...) Puisque je suis d'eux, je ne renierai jamais les miens... Je suis de France... Je suis de Guillaumet, je suis de Gavoile, je suis de Hochedé, je suis du groupe 2/23. Je suis de mon pays. Et tous ceux du Groupe sont de ce pays."[17]

Pour être, l'individu doit ainsi participer, prendre en charge ou créer les liens de relation: il lui faut être lié ou relié, ou appartenir à quelqu'un ou à quelque chose pour former une communauté d'être. La réalité de l'individu est cette communauté d'être, si minime soit-elle. D'où l'idée de lien, de noeud de relation qui constitue la définition, l'identité et la substance même de notre être: "Qui suis-je, si je ne participe pas J'ai besoin pour être de participer. Je me nourris de la qualité des camarades... Ils sont réseau de liens... Gavoile est... Il est pétri de liens... La substance je la découvre en

---

[16] Ibid. p. 371.

[17] Ibid. pp. 368, 358.

Gavoile ou en Israël, comme je la découvre en Guillaumet... L'homme n'est qu'un réseau de relations. Les relations comptent seules pour l'homme".[18]

Cet Etre universel et spirituel, l'auteur l'appelle d'abord Homme: "Je n'étais qu'un gérant grincheux. C'est ça l'individu. Mais l'Homme est apparu. Il s'est insallé à ma place, tout simplement. Il a regardé la foule en vrac et il a vu un peuple. Son peuple. L'Homme, commune mesure de ce peuple et de moi... L'Homme regardanrt par mes yeux, l'Homme, commune mesure des camarades... L'individu n'est qu'une route, l'Homme qui l'emprunte compte seul... Notre unité, audessus de nous, se fonde en l'Homme... Ma civilisation repose sur le culte de l'Homme à travers des individus. Elle a cherché des siècles durant, à montrer l'Homme, comme elle eût enseigné à distinguer une cathédrale à travers des pierres. Elle a prêché cet Homme qui dominait les individus... Car l'Homme de ma civilisation ne se définit pas à partir des hommes. Ce sont les hommes qui se définissent par lui. Il est en lui, comme en tout être, quelque chose que n'expliquent pas les matéraux qui le composent. Une cathédrale est bien autre chose qu'une somme de pierres. Elle est géométrie et architecture. Ce ne sont pas les pierres qui la définissent, c'est elle qui enrichit les pierres de sa propre signification. Ces pierres sont ennobiles d'être pierres d'une cathédrale."[19]

Cet Homme universel est ainsi conçu non comme la somme ou l'ensemble des hommes individuels, mais plutôt comme l'Ame universelle des hommes et des choses, ou l'Homme cosmique et divin des traditions antiques: comme Panku, l'Homme cosmique des Chinois; le Grand Homme des Indiens Naskapi; le Purusha des Hindous; le Gayomart des Perses; l'Adam des Juifs, ou le Christ, l'Homme-Dieu de la tradition chrétienne. Car l'auteur le confond avec Dieu Lui-même et emploie les deux mots "Homme" et "Dieu" comme interchangeables: "A travers l'individu, dit-il, nous donnons à Dieu ou à l'Homme. Mais oubliant Dieu ou l'Homme, nous ne donnions plus qu'à l'individu...(...) Or ma civilisation a cherché à fonder les relations humaines sur le culte de l'Homme au-delà de l'individu... Durant des siècles

---

[18]Ibid. pp. 354, 347.

[19]Ibid. pp. 369, 371, 372.

ma civilisation a contemplé Dieu à travers les hommes... La contemplation de Dieu fondait les hommes égaux, parce qu'égaux en Dieu... Ma civilisation a fait les hommes égaux en l'Homme... Les hommes étainent frères en Dieu... Ma civilisation, héritant de Dieu, a fait les hommes frères en l'Homme... Je comprends la signification des devoirs de charité... Cette charité n'humiliait pas le bénéficiaire..., puisque ce n'est pas à lui, mais à Dieu que le don est adressé... Ma civilisation a fait de la charité don à l'Homme à travers l'individu... Le savant devait le respect au soutier lui-même, car à travers le soutier, il respectait Dieu... Ma civilisation a prêché le respect de soi, c'est-à-dire le respect de l'Homme à travers soi-même."[20]

L'homme st-exupérien participe ainsi de la nature divine, ou de la race divine", comme le dit St. Paul, car l'homme est né de Dieu: "Qu'avons-nous à opposer aux religions de l'Etat ou de la Masse? se demande l'auteur. Qu' était devenue cette grande image de l'Homme né de Dieu?"[21]

L'homme est donc l'image ou le reflet de Dieu dans ce monde visible: "L'Homme était créé à l'image de Dieu... Ce reflet de Dieu conférait une dignité inaliénable à chaque homme... Le sacrifice qui fonde les êtres prenait le nom de charité quand il honorait Dieu à travers son image humaine..."[22]

La fonction de l'homme est ainsi celle d'un "prince", parce que fils de roi, ou celle d'un "ambassadeur". Il lui faut représenter ou manifester Dieu et se sacrifier pour la bonne cause du plus grand que lui: "Ma civilisation a cherché à faire de chaque homme l'ambassadeur d'un même prince. Elle a considéré l'individu comme chemin ou message de plus grand que lui-même...(...) On n'humilie pas un ambassadeur... Ainsi l'amour de Dieu fondait-il, entre hommes, des relations nobles. Les affaires se traitant d'ambassadeur à ambassadeur, au-dessus de la qualité des invididus."[23]

L'Etre dont nous avons besoin et dont nous souffrons de la nostalgie est donc l'Etre divin. Toutes nos activités, nos quêtes, nos attentes, comme

---

[20]Ibid. pp. 379, 373, 374, 375.

[21]Ibid. p. 378.

[22]Ibid. pp. 373, 379.

[23]Ibid. pp. 373, 374, 375.

tous nos mouvements de migration ne sont rien d'autre que ce pèlerinage de retour vers la source ontologique. Et comme nous sommes de l'Etre divin, le seul chemin pour nous de Le trouver c'est celui de l'instinct, un instinct supérieur et divin, cette loi de pesanteur qui nous fait peser toujours vers le "Centre de gravité ineffable du soleil de l'intelligence et de l'amour", comme le dit Amiel, tout comme chez l'aveugle qui cherche et trouve le feu en étendant ses mains, ou comme la graine qui cherche et trouve son chemin vers le soleil à travers tant de pierrailles:

"C'est pourquoi, nous dit l'auteur, courant vers le Groupe, il me semblait courir vers un grand feu... Cette communauté parmi vous, je l'ai goûtée comme un feu pour aveugle. L'aveugle s'assoit et étend ses mains. Il ne sait pas d'où vient son plaisir. De nos missions nous rentrons prêts pour une récompense au goût inconnu, qui est simplement l'amour... Aucun doute sur le salut ne m'est possible. Je comprends mieux l'image de mon feu pour aveugle. Si l'aveugle marche vers le feu, c'est qu'est en lui le besoin du feu. La feu déjà le gouverne. Si l'aveugle cherche le feu, c'est que déjà il l'a trouvé... Nous, de même, nous ressentons la chaleur de nos liens: voilà pourquoi nous sommes déjà vainqueurs... Nous avons négligé l'Etre. La graine de cèdre, bon gré mal gré, deviendra cèdre. La graine de ronce deviendra ronce... Je connaîtrai vers où l'on pèse et où on ira. On va toujours, en fin de compte, vers où l'on pèse. Le germe, hanté par le soleil, trouve toujours son chemin à travers la pierraille du sol... Il n'est point de passage que la mer ne trouve, si elle pèse."[24]

Cette structure organique, cette architecture amoureuse, unitaire et solidaire de l'Etre qu'un auteur a appelé le "dieu-lieur"[25], nous rappelle le corps mystique de St. Paul, le Tout des panthéistes, l'Un de Plotin, l'Etre unanime de Jules Romains ou l'Ame universelle des poètes. Et c'est cette conscience de notre unité et de notre identité ontologique avec l'Etre universel que Richard M. Bucke appelle "la conscience cosmique". C'est notre réalisation de cette synthèse ontologique qui nous fait voir que ce n'est

---

[24]Ibid. pp. 361, 365, 366, 367, 371.

[25]Mircea Elade, "Le dieu-lieur" et le symbolisme des noeuds, Revue de l'Hostoire des Religions, 67e année, tome 134, PUF, Paris 1948.

pas nous qui vivons, mais c'est le "Dieu-lieur" qui vit en nous, "Dieu en qui nous avons l'être, la vie et le mouvement". Ou, pour reprendre le mot de Jung, ce ne sont pas les moi divers qui vivent, mais c'est le Soi qui vit en eux. Nous vivons donc la vie de l'Etre. C'est comme la conscience miraculeuse d'un Jonah jeté en pleine mer qu'il vivait dans l'estomac d'une baleine; ou l'étrange sentiment qu'avaient les Surréalistes de vivre dans le ventre d'un Etre immense; ou comme la vision de l'enfant St.-Exupéry voyant dans le serpent boa un certain éléphant, ou à travers la caisse, un certain mouton. C'est voir le "dedans des êtres et des choses" avec les yeux d'un Père Teilhard, ou voir l'endroit de la vie et du monde avec les yeux du poète:

>"Mais peut-être qu'à d'autres yeux
>l'autre côté déploie
>Le rêve et les fleurs et la joie
>D'un destin merveilleux."[26]

Mais cette conscience cosmique du Soi n'est née que du sacrifice de soi, comme tout buisson ardent ne se trouvait qu'au désert, c'est-à-dire dans le néant ou la "néantisation" des intérêts et des attachements physiques et égoïstes du moi. Elle est la lumière de notre vie: elle vit de nous et de nos dons comme le feu du charbon: Elle est la somme de nos dons: "Je ne suis lié qu'à qui je donne, nous dit l'auteur. Je ne comprends que qui j'épouse. Je n'existets qu'autant que m'abreuvent les fontaines de mes racines... Pour voir il convient d'abord de participer... D'être lié. De communier. De recevoir et de donner. D'être plus que moi-même. D'accéder à cette plénitude qui me gonfle si fort."[27]

Tout être doué de conscience réfléchie est ainsi applé un jour ou l'autre à être "pilote de guerre", c'est-à-dire à avoir l'occasion de se sacrifier pour être réveillé à cette conscience cosmique qui doit être son seul salut ontologique. Il verra aussi que sa vie se divise en deux temps: celui d'avant et celui d'après la mission sacrifiée; temps d'illusion, de dualité et d'erreur; et temps de révélation, d'unité et de vérité; temps d'angoisse et de malheur où

---

[26] Paul-Jean Toulet, "Contre Rimes"

[27] Pilote de Guerre, in Oeuvres. pp. 358, 286, 355, 382.

l'on vit avec les soucis du corps et du moi; et temps de bonheur et de victoire où l'on se sent enfin unifié avec le Soi. C'est cette conscience cosmique d'unité et d'immortalité qui nous fait triompher de la mort corporelle pour vivre la vie innombrable et universelle du "dieu-lieur", car on saura que la vie divine, comme nous l'a dit Amiel, "n'est qu'une série de morts successives où l'esprit rejette ses imperfections et ses symboles et cède à l'attraction croissante du centre de la gravitation ineffable du soleil de l'intelligence et de l'amour".

Et chacun de nous pourrait aussi déclarer comme le pilote de guerre: "Je me suis habillé aujourdhui pour le service d'un dieu à l'égard duquel j'étais aveugle. Le tir d'Arras a brisé l'écorce et j'ai vu... Si donc je décolle à l'aube, je connaîtrai ce pour quoi je combats..."[28]

Le message de *Pilote de guerre* nous fait penser au mot de la Bible: "dei estis", et à celui de St. Paul: "Constituer cet Homme parfait qui réalise la plénitude du Christ".[29] Mais nous avons peur de devenir cet Homme-Dieu, car nous avons peur du sacrifice suprême et de la mort de notre moi. Nous sommes comme les enfants d'un pays dans l'anecdote de Kafka: ils ont le choix d'être rois ou seulement messagers du roi. Ayant tous peur d'être rois, ils ont choisi d'être seulement messagers. Et comme il n'y a pas de roi (parce que personne ne veut le devenir), tous les messagers vont partout annoncer à tort et à travers les messages des rois qui n'existent pas!

---

[28]Ibid. pp. 365, 382, 383.

[29]St. Paul, Epitre aux Ephésiens, 4:12-14.

CHAPITRE V

LETTRE A UN OTAGE

Publié tout juste deux mois avant *Le Petit Prince*, *Lettre à un Otage* peut être considéré comme le trait d'union entre ce dernier et les ouvrages précédents. On y trouve en effet tous ces thèmes déjà familiers de l'auteur, thèmes qui seront de noveau présentés d'une manière symbolique, mais plus poétique et plus dramatique dans *Le Petit Prince*: thème de l'angoisse et de la solitude humaine, thème de l'identité et de la densité ontologique, thème des liens d'amour, d'unité et de solidarité cosmique, thème de l'échange existentiel et de l'action-sacrifice, thème enfin de la quête, du voyage ou du pèlerinage de retour...

Tout d'abord le thème de l'angoisse humaine. Celle-ci a été inspirée à l'auteur par ces réfugiés ou ces émigrants français qu'il avait rencontrés au Portugal: "J'allais parfois les regarder, nous dit-il. Je ne ressentais ni indignation, ni sentiment d'ironie, mais une vague angoisse. Celle qui vous trouble au zoo devant les survivants d'une espèce éteinte... Je les retrouvai sur le paquebot, mes réfugiés. Ce paquebot répandait, lui aussi, une légère angoisse."[1]

La cause de ce sentiment d'angoisse? L'auteur nous l'a déjà définie, dans *Pilote de Guerre*, comme la perte de l'identité véritable: "L'angoisse est due à la perte de l'identité véritable', nous dit-il en effet. Et cett identité véritable de l'homme nous est montrée avec force dans *Lettre à un Otage*

---

[1]Lettre à un Otage, in Oeuvres. p. 391.

comme "un réseau de liens de relations", ou "des lignes de force", qui nous relient à tous les êtres. Comme ces réseaux de liens constituent notre identité, ou notre densité ontologique, et comme ces réfugiés ont coupé leurs liens de relations, ils n'ont plus d'identité. Ce sont des vides ou des néants ontologiques. L'auteur les appelle des "morts", des "revenants", des "survivants d'une espèce éteinte", des "figurants" ou encore des "plantes sans racines". Il les compare aux voyageurs, mais sans maison familiale pour le retour, aux marins bretons, mais sans fiancée pour l'attente, aux enfants prodigues, mais sans maison paternelle, sans image de veau gras.

Pour guérir de cette angoisse humaine, il nous faut donc pouvoir sentir en nous ces liens de relations qui sont pour nous la vérité: "Nous avons goûté, nous dit l'auteur parlant du sourire, aux heures de miracle, une certaine qualité des relations humaines: là est pour nous la vérité... Puisque cette qualité nous délivrait si bien de l'angoisse des temps présents, nous accordait la certitude, l'espoir, la paix, j'ai aujourd'hui besoin pour tenter de m'exprimer mieux, de raconter aussi l'hostoire d'un autre sourire."[2]

Mais comment faire pour sentir ces liens de relaions? Et de quelle nature sont-ils? Suivons toujours l'auteur dans sa description et sa présentation de ces liens. Ils sont d'abord de nature spirituelle, et intérieure, et nous ne les sentons que dans des conditions bien particulières, des moments privilégiés où les choses matérielles et extérieures sont réduites au silence. Tout comme ces pôles de directions "spirituelles et aimantées" ne furent révélées à l'auteur que dans le désert, c'est-à-dire dans le néant ou la néantisation du monde extérieur. Tout comme la Terre promise de la Bible ne fut accordée au peuple juif qu'après la traversée du désert et de la Mer rouge: "Certes, nous dit l'auteur, le Sahara n'offre à perte de vue qu'un sable uniforme. On y baigne en permanence dans les conditions mêmes de l'ennui. Et cependant d'invisibles divinités lui bâtissent un réseau de directions, de pentes et de signes, une musculature secrète et vivante. Il n'est plus d'uniformité. Tout s'oriente... Enfin ces pôles presque irréels aimantent de très loin ce désert: Une maison d'enfance qui demeure vivante dans le souvenir. Un ami dont on ne sait rien sinon qu'il est. Ainsi vous sentez-vous

---

[2]Ibid. pp. 393, 403.

tendu et vivifié par le champ de forces qui tirent sur vous ou vous repoussent, vous sollicitent ou vous résistent. Vous voici bien fondé, bien déterminé, bien installé au centre des directions cardinales. Et comme le désert n'offre aucune richesse tangible, comme il n'est rien à voir ni à entendre dans le désert, on est bien contraint de reconnaître, puisque la vie intérieure, loin de s'y endormir, s'y fortifie, que l'homme est animé d'abord par des sollicitations invisibles. L'homme est gouverné par l'Esprit. Je vaux dans le désert ce que valent mes divinités."[3]

Ces liens de relations sont ensuite de nature une et universelle, et nous ne les sentons que pendant ces moments "unanimistes" par excellence où tous les intérêts égoïstes s'effacent, et où le moi personnel s'oublie lui-même pour s'ouvrir à la présence des autres dans l'unité et l'universalité cosmique. Comme ce moment de "l'état parfait" ou ces "heures de miracles" où l'auteur avait goûté à Tournus un plaisir et un bonheur véritable dans l'oubli de son moi et dans l'ouverture de son âme à tous les autres: son ami et les mariniers, la servante et l'auberge, le fleuve et le soleil: "Le soleil était bon, nous dit-il. Son miel tiède baignait les peupliers de l'autre berge et la plaine jusqu'à l'horizon. Nous étions de plus en plus gais, toujours sans connaître pourquoi. Le soleil rassurait de bien éclairer, le fleuve de couler, le repas d'être repas, les mariniers d'avoir répondu à l'appel, la servante de nous servir avec une sorte de gentillesse heureuse, comme si elle eût présidé à une fête éternelle. Nous étions pleinement en paix, bien insérés à l'abri du désordre dans une civilisation définitive. Nous goûtions une sorte d'état parfait où, tous les souhaits étant exaucés, nous n'avions plus rien à nous confier."[4]

Ou encore comme cet autre moment privilégié en Espagne, moment d'accord et d'harmonie entre l'auteur prisonnier et ses geôliers espagnols, moment d'unité qui efface tout sentiment de séparation et de dualité pour ne conserver que celui de communauté d'un "corps mystique": C'est alors qu'eut lieu le miracle, nous dit-il... Ce miracle ne dénoua pas le drame, il l'effaça

---

[3] Ibid. pp. 394, 395.

[4] Ibid. p, 397.

tout simplement, comme la lumière, l'ombre...Il ouvrait une ère nouvelle... L'ennui suinté par les objets morts de la cave s'allégeait par enchantement. C'était comme si un sang invisible eût recommencé à circuler, renouant toutes choses dans un même corps, et leur restituant une signification. Les hommes non plus n'avaient pas bougé, mais alors qu'ils m'apparaissaient une seconde plus tôt comme plus éloignés de moi qu'une espèce antédiluvienne voici qu'ils naissaient à une vie proche. J'éprouvais une extraordinaire sensation de présence! c'est bien cela: de présence! Et je sentais ma parenté."[5]

C'est dans des moments pareils, moments d'oubli de nous-mêmes que nous découvrons bien, comme le poète de l'Unanimisme, que ce n'est pas nous qui vivons, mais c'est un Etre immense, un et universel, ou l'univers, qui vit en nous et à travers nous: "Ainsi l'univers à travers nous prouvait sa bonne volonté, nous dit l'auteur. La condensation des nébuleuses, le durcissement des planètes, la formation des premières amibes, le travail gigantesque de la vie qui achemina l'amibe jusqu'à l'homme, tout avait convergé heureusement pour aboutir, à travers nous, à cette qualité du plaisir! Ce n'est pas si mal comme réussite."[6]

Cette conscience de l'unité et de l'universalité de ces liens de relations nous éclaire en même temps sur leur nature primitive et évolutive. En effet, pour que l'homme st.-exupérien puisse sentir aujourd'hui ce plaisir de l'unité et de la solidarité cosmique, il faut d'abord que, tout au commencement des temps, les nébuleuses se condensent, que les planètes se durcissent, que les amibes se forment et que la vie enfin continue ce travail gigantesque d'acheminer l'amibe jusqu'à l'homme de conscience supérieure! Il faut, autrement dit, et pour reprendre les termes teilhardiens, que l'évolution puisse traverser successivement ses trois longues phases, celle de la géosphère, celle de la biosphère, et celle enfin de la noosphère ou sphère de la conscience et de la pensée. Puis, et pour reprendre les termes de Richard Bucke, il faut que la conscience à son tour puisse passer ses deux premiers

---

[5]Ibid. p. 101.

[6]Ibid. p. 397.

degrés, celui de la conscience simple et celui de la conscience réfléchie pour atteindre enfin celui de la conscience cosmique.

Et grâce à un certain degré de cette conscience cosmique acquise que l'auteur a pu goûter, à Tournus, ce sentiment de solidarité universelle dont l'accord, le plaisir ou le "sourire" ne sont que des symptômes ou des symboles passagers: "ainsi savourions-nous cette entente muette, nous dit-il... Et nous étions d'accord entre amis. Tu étais d'accord. J'étais d'accord. Les mariniers et la servante étaient d'accord. D'accord sur quoi? Sur le Pernod? Sur la signifiation de la vie? Sur la douceur de la journée? Nous n'eussions pas su non plus le dire. Mais cet accord était si plein, si solidement établi en profondeur, il portait sur une bible si évidente dans sa substance, bien qu'informulable par les mots, que nous eussions volontiers accepté de fortifier ce pavillon, d'y soutenir un siège, et d'y mourir derrière des mitrailleuses pour sauver cette substance-là. Quelle substance?... C'est bien ici qu'il est difficile de s'exprimer. Je risque de ne capturer que des reflets, non l'essentiel...je serai obscur si je prétends que nous aurions aisément combattu pour sauver une certaine qualité du sourire des mariniers, et de ton sourire, et de mon sourire, et du sourire de la servante, un certain miracle de ce soleil qui s'était donné tant de mai, depuis tant de millions d'années, pour aboutir, à travers nous, à la qualité d'un sourire qui était assez bien réussi."[7]

Ce caractère primitif et évolutif des liens de relations nous claire ensuite sur leur nature existentielle, intentionnelle et sacrificielle chez l'homme: Ils doivent, en effet, être d'abord vécus et soufferts existentiellement et intentionnellement avant de devenir ensuite des faits de conscience authentique. Liens essentiels de l'homme, ils doivent être créés par son expérience, ses sacrifices et ses souffrances, en un mot, par son existence: Ici se vérifie le postulat existentialiste qui veut que, pour l'homme, "l'existence précède l'essence". L'homme étant l'être-pour-soi, tout lui serait étranger si ce n'est pas créé ou né de soi-même. N'aura pas son existence ou sa réalité psychique pour l'homme, tout ce qui n'est pas créé de sa propre conscience: "Comment se reconstruire? se damande l'auteur. Comment refaire en soi le lourd écheveau de souvenirs? Ce bateau fantôme était

---

[7] Ibid. pp. 397, 398.

chargé, comme les limbes, d'âmes à naître. Seuls paraissaient réels, si réels qu'on les eût aimé toucher du doigt, ceux qui, intégrés au navire et ennoblis par de véritables fonctions, portaient les plateaux, astiquaient les cuivres, ciraient les chaussures et, avec un vague mépris, servaient des morts. Ce n'est point la pauvreté qui valait aux émigrants ce léger dédain du personnel. Ce n'est point d'argent qu'ils manquaient, mais de densité. Ils n'etaient plus l'homme de telle maison, de tel ami, de telle responsabilité. Ils jouaient le rôle, mais ce n'était plus vrai. Personne n'avait besoin d'eux, personne ne s'apprêtait à faire appel à eux... Il faut allaiter longtemps un enfant avant qu'il exige. Il faut longtemps cultiver un ami avant qu'il réclame son dû d'amitié. Il faut s'être ruiné durant des générations à réparer le vieux château qui croule pour apprendre à l'aimer."[8]

Spirituels et universels, primitifs et évolutifs, existentiels et sacrificiels, ces liens de relations sont aussi de nature sacrée ou religieuse. L'auteur nous parle en effet d'une "bible si évidente", des "rites religieux", de la "servante sacerdotale", et des "fidèles d'une même Eglise".

Ils sont aussi de nature "numineuse" et euphorique, c'est-à-dire de nature à provoquer un sentiment divin de bonheur et d'enchantement: "Du sourire des sauveteurs, si j'étais naufragé, nous dit l'auteur, du sourire des naufragés, si j'étais sauveteur, je me souviens aussi comme d'une patrie où je me sentais tellement heureux. Le plaisir véritable est plaisir de convive. Le sauvetage n'était que l'occasion de ce plaisir. L'eau n'a point de pouvoir d'enchanter si elle n'est d'abord cadeau de la bonne volonté des hommes."[9]

Mais d'où vient ce pouvoir enchanteur et générateur de plaisir dans ces liens de relations qui demandent sacrifice et souffrance? Il vient du "don de la bonne volonté des hommes", nous répond l'auteur. Et il vient aussi de la bonne volonté des choses: "Ainsi l'univers à travers nous prouvait sa bonne volonté...le soleil s'était donné tant de mal depuis tant de millions d'années...le soleil rassurait de bien éclairer, le fleuve de bien couler..."[10]

---

[8]Ibid p. 393.

[9]Ibid. p. 402.

[10]Ibid. pp. 397, 398.

Comment expliquer le fait que ce don de la bonne volonté des êtres et des choses peut engendrer le plaisir et l'enchantement, sinon de dire que le don est de la nature ontologique des êtres et des choses? La chaîne causale des dons doit donc être aussi longue que la chaîne de l'Etre: l'homme qui donne ou partage doit avoir reçu de plus loin ce qu'il donne. La Nature aussi dans ses dons de l'eau ou de la nourriture, c'est-à-dire ses dons des minéraux, des végétaux et des animaux. Car tous, selon l'auteur, ne sont que "voie, charroi et passage", transportant le don vital qu'ils ont reçu de plus haut, et montant ainsi jusqu'au bout ou sommet de la chaîne de l'Etre.

Qu'est-ce à dire sinon que c'est l'Etre suprême qui, au début du Temps, a fait le don de Lui-même à ses créatures dans l'acte de création, ou de l'incarnation, ou de "l'involution", et par là même a fondé cette loi ontologique du don qui va gouverner toute son "évolution"? Le plaisir de l'eau et de la nourriture vient donc, de plus loin que l'homme, du don de la bonne volonté de l'Etre créateur qui s'est sacrifié pour donner sa vie à ses créatures. Le pouvoir enchanteur et générateur de bonheur du don? Un souvenir, une réminiscence ou une répétition ontologique du sacrifice primordial et archétypal. Le plaisir ou le bonheur ou l'enchantement engendré par les dons ou les sacrifices est bien la preuve de la vérité ou de la réalité ontologique de ces derniers: l'Etre est donc de nature sacrificielle, et la Vie universelle est bien la Nourriture universelle comme nous l'enseignent les traditions orientales. Et les liens qui nous lient à tout et à tous ne sont donc que ce "noeud divin qui noue les choses", selon l'expression de l'auteur de *Citadelle*.

Ces liens de relations sont donc, en fin de compte, de nature divine: "divinités", en effet, est bien le mot de l'auteur pour décrire ce réseau de liens qu'il a sentis dans le désert: "Et cependant, dit-il, d'invisibles divinités lui bâtissent un réseau de directions, de pentes et de signes, une musculature secrète et vivante... Enfin des pôles presque irréels aimantent de très loin ce désert... Vous voici bien fondé, bien déterminé, bien installé au centre de directions cardinales. Et comme le désert n'offre aucune richesse tangible..., on est bien contraint de reconnaître, puisque la vie intérieure loin de s'y endormir, s'y fortifie, que l'homme est animé d'abord par des sollicitations invisibles. L'homme est gouverné par l'Esprit. Je vaux dans le désert ce que valent mers divinités."[11]

Cette idée du don ou du sacrifice comme source ontologique du monde trouve son écho dans la mythologie et la littérature universelles. Selon la mythologie, le monde physique est né soit du cadavre, soit d'une larme, d'une goutte de sang, c'est-à-dire de la mort ou de la souffrance d'un dieu ou d'une déesse. Et la vie vient ainsi de la mort, et la mort, par voie de retour, va donner naissance à la vie: La vie des créatures vient donc de la mort du Créateur à qui leur mort va redonner vie ou résurrection. Le poéte mystique,

> William Blake, nous dit aussi dans Jérusalem:
> "And if God dieth not for Man and giveth not Himself
> Eternally for Man, Man could not exist! For Man is Love
> As God is Love: every kindness to another is a little death
> In the divine image, nor can Man exist but by brotherhood."[12]

La vie et la mort? Seulement deux mouvements de l'alternace de la Vie de l'Etre, ou le jour et la nuit de Brahma, la systole et la diastole du Coeur cosmique ou du Corps mystique. "Tu ne meurs pas, tu rentres en Dieu", nous déclare l'auteur de *Citadelle*. "L'homme meurt pour que Dieu puisse naître", y fait écho l'auteur de *L'Etre et le Néant*. "Nourriture d'Ange", nous affirme à son tour Ionesco dans *Les Chaises* comme message final du couple héros se jetant à l'eau pour accomplir leur sacrifice suprême: L'homme meurt pour que l'ange puisse naître, pourrait-on dire, paraphrasant de nouveau l'auteur de *L'Etre et le Néant*.[13]

---

[11]Ibid. pp. 394, 395.

[12]William Blake, Jerusalem, in The Poetry and Prose of W. B., Ed. David V. Erdman, Doubleday, New York, 1965.

[13]Cette conception de la vie et de la mort par l'auteur de cette pièce de Théâtre de l'Absurde coïncide avec celle d'une enfant de cinq ans, Bernadette Van-Huy: à son père qui lui dit de ne pas faire souffrir les crabes et les langoustes, "parce qu'ils meurent pour nous", elle répondit: "Si les les crabes et les langoustes meurent pour nous, pour qui donc allons-nous mourir? Pour que Dieu puisse faire encore des anges?"

La même enfant à l'âge de trois ans, a crié à son frère: "Johnny, the ice cream man!", quand, à l'église, elle entendit sonner les clochettes pour l'élévation et la communion. Pour l'enfant,

Comment donc reconstruire ces liens de relations pour se sentir vraiment ou ontologiquement heureux? La réponse en est bien simple: si ces liens ont été contractés, dès le commencement du Temps, à travers le sacrifice ou le don de l'Etre créateur, ils ne peuvent être reconstruits ou renoués chez toutes les créatures que par le même processus archétypique du don et du sacrifice. Et c'est pour cette raison que l'auteur de Lettre à un Otage nous a proposé comme modèles de l'enseignement de la vérité les otages ou les victimes de la Guerre: ces otages se sacrifiaient et nourrissaient la vérité de leur propre chair, comme le cierge nourrissant la lumière de sa cire: "Vous êtes les quarante millions d'otages. C'est toujours dans les caves de l'oppression que se préparent les vérités nouvelles. Quarante millions d'otages méditent là-bas leur vérité neuve. Nous nous soumettons d'avance à leur vérité... Car c'est bien vous qui nous enseignez. Ce n'est pas à nous d'apporter la flamme spirituelle à ceux qui la nourrissent déjà de leur propre substance, comme d'une cire... Vous êtes les saints".[14]

S'il en est ainsi, notre existence avec ses sacrifices et ses souffrances n'est qu'un voyage ou un pèlerinage de retour pour retrouver ce lien ou "ce noeud divin qui noue les choses". Autrement dit, la vie individuelle et universelle n'est qu'une longue pérégrination ontologique de l'Etre même vers Lui-même à travers cette série de vies et de morts des êtres: "L'essentiel est de vivre pour le retour", nous dit en effet l'auteur. Et ce thème du retour, tout comme celui de la quête, du voyage et de la migration ontologique par l'échange ou la transformation divinisatrice et alchimique de la douleur, comme le dirait Baudelaire, sera exprimé d'une manière plus poétique et plus dramatique encore dans *Le Petit Prince*.

---

recevoir la sainte hostie à la communion, à l'église, et manger de la glace dans la rue, tout comme manger des crabes et des langoustes..., tout cela ne fait partie que d'un même ordre, l'ordre naturel des choses, celui de la vie et de la nourriture universelles.

S'il en était vraiment ainsi, le mot du Christ au Dernier Souper: "Ceci est mon corps, ceci est mon sang", devrait avoir son sens ontologique et cosmique plutôt que le sens historique et liturgique qu'on lui donne. L'avenir, peut-être, nous éclairera là-dessus. Mais l'avenir tend toujours vers la conscience cosmique, comme le souhaite aussi Victor Hugo:
"L'avenir tel que les cieux le font.
C'est l'élargissement dans l'infini sans fond".

[14] Lettre à un Otage, in Oeuvres, p. 405.

CHAPITRE VI

LE PETIT PRINCE

Dernière oeuvre publiée avant sa mort, *Le Petit Prince* est le chant du cygne et le testament de St.-Exupéry: testament pédagogique d'abord, parce qu'adressé aux enfants (et aussi aux enfants que nous avons été), testament ésotérique ensuite, parce qu'écrit sous forme allégorique, langage universel par excellence.

Mais mourir, pour St.-Exupéry, c'est devenir et renaître: mort physique égale métamorphose ou renaissance spirituelle. "J'aurai l'air d'être mort, et ce ne sera pas vrai!", nous affirme le petit prince vers la fin de sa vie terrestre.[1] "Tu ne meurs pas, tu rentres en Dieu", lui fait écho le roi berbère de *Citadelle*.[2] Le récit testamentaire du Petit prince est donc en même temps un message de résurrection, message fait de nostalgie et de tristesse, mais surtout de joie et d'allégresse: petit écho en somme de ce grand message recueilli le long de la caravane humaine, peinant dans sa traversée du désert vers la Terre promise.

C'est à partir de ce message de résurrection, à la fois symbolique et pédagogique, que nous voudrions suggérer, dans les lignes qui suivent, une hypothèse de lecture, ou pour reprendre l'expression de l'auteur, "un apprentissage de lecture", car "apprendre à lire" est bien le premier précepte

---

[1] Le Petit Prince, in Oeuvres, p. 490.

[2] Citadelle, in Oeuvres, p. 509.

de la pédagogie st.-exupérienne: lire à travers ce monde des sens un certain visage divin, tout comme le petit prince a pu lire, à travers sa caisse, une certaine image de mouton. Mais n'est-ce pas là aussi la tâche et la vocation impérieuse de tout artiste au sens proustien du mot? C'est-à-dire être le traducteur de ce grand livre qu'est le monde, écrit en caractères hiéroglyphiques. Ou aussi au sens camusien: celui "qui de loin en loin, réveille pour tous, au sein d'un monde endormi, l'image fugitive et insistante d'une réalité que nous reconnaissons sans l'avoir jamais recontrée"?[3] Ou encore au sens weilien: "le lecteur de ce monde qui n'est pour nous qu'un journal tenu à l'enverss"?[4].

Mais revenons au mouton du Petit Prince, et avant d'en éclairer le sens allégorique, résumons-en l'essentiel en quelques lignes: Il était une fois, sur une petite plantète, un petit prince solitaire qui assistait à l'éclosin d'une très belle rose, et en devenait amoureux. Mais, après quelques mots écanngés avec sa fleur, il se rendit compte qu'ils ne pouvaient pas s'entendre et être heureux... Alors, tout triste, il quitta sa rose et sa planète pour un long voyage d'instruction à travers le monde. Arrivé à sa dernière escale, sur la planète Terre, il réalisait, avec l'aide d'un renard, son ami de rencontre, que le langage est source de malentendus, que l'essentiel est invisible aux yeux, et qu'on ne voit bien qu'avec le coeur... Enfin, aidé par un serpent au bon venin, il se dépouilla de son corps et s'envola vers sa rose, "plein d'usage et de raison..."

Voyons-en maintenant le sens général: il est d'abord éstotérique. C'est l'épopée de l'aventure humaine, mais en condensé, en raccourci, en litote. C'est, en miniature, l'*Odyssée* d'Ulysse pour retrouver Pénélope, et la guerre de Troie correspond ici à la "guerre des roses et des moutons". C'es le labyrinthe de Thésée avec son fil d'Ariane; *La Divine Comédie* dantesque et la recherche de Béatrice dans l'Empyrée. C'est l'épopée de Gilgamesh, des Argonautes de la Toison d'or, du Jardin des Hespérides. C'est l'allégorie du *Roman de la Rose*, la quête du Graal...et nous en passons. C'est aussi, plus

---

[3] A. Camus, Discours de Suède, Gallimard, 1958.

[4] Simone Weil, Pensées sans ordre concernant l'amour de Dieu, Gallimard, 1962. p.99.

près de nous, *La Tempête* de Shakespeare et le *Vaisseau fantôme* de R. Wagner. C'est toujours cette éternelle quête d'absolu, cette universelle pérégrination et ce sempiternel retour de l'humain vers le divin.

C'est aussi un petit écho innocent de cette nostalgie poétique millénaire, de ces myriades de symphonies inachevées qui roulent "d'âge en âge pour venir mourir au bord de l'éternité". C'est la soif d'azur d'un Mallarmé qui "aime à renaître au ciel antérieur où fleurit la Beauté". C'est l'aspiration d'un Lamartine rêvant de ce lieu merveilleux "où le vrai soleil éclaire d'autres cieux". C'est l'élévation d'un Baudelaire voulant s'envoler "bien loin de ces miasmes morbides...", respirer "l'air supérieur", et "boire comme une pure et divine liqueur, le feu clair qui remplit les espaces limpides".[5]

C'est encore cette mélancolie mystique et romanesque d'un Balzac et sa Séraphita, d'un Gérard de Nerval et sa Sylvie, ou d'un Alain-Fournier et son Grand-Meaulnes... C'est enfin la hantise ou la tentation philosophique du monde idéal d'un Platon, ou ce désir lancinant d'un envol libérateur de "l'Esprit seul vers Lui seul" d'un Plotin.

Esotérique aussi le sens particulier des personnages et des éléments importants du récit: le-petit prince, la rose, les trois volcans, le mouton, le renard et le serpent, expriment tous, comme archétypes traditionnels, un rapport, une préparation ou une invitation à un retour au divin.

Lepetit prince est d'abord, pour St.-Exupéry, l'esprit de l'enfance et de l'innocence qui, tout proche encore de sa source divine, peut participer à la vie universelle, ou comme le dit Bardelaire, esprit...dont les pensers, comme des alouettes,

> Vers les cieux le matin prennent un libre essor,
> Qui plane sur la vie et comprend sans effort
> Le langage des fleurs et des choses muettes!"[6]

Mais il est aussi l'archétype de l'enfant éternel (peur aeternus) longuement étudié par C. G. Jung, ou le psychodrame du dieu-enfant

---

[5]Baudelaire, Les Fleurs du Mal, Elévation.

[6]Baudelaire, Les Fleurs du Mal, Elévation.

mourant pour renaître de ces grands mythes traditionnels, tels qu'Adonis. Attis, Osiris, Tammouz et Dionysos. C'est aussi le divin Enfant, Fils de Dieu et Fils de l'homme, mort et ressuscité; ou l'enfant évangélique auquel nous devons ressembler pour pouvoir entrer dans le Royaume de Dieu; ou encore l'enfant divin chanté par Lamartine:

> "Enfant déchu d'une race divine,
> Tu portes sur ton front ta superbe origine,
> Tout homme en te voyant reconnaît dans tes yeux
> Un rayon éclipsé de la splendeur des cieux".[7]

C'est enfin l'éternel homme-enfant qui, dans son désir de délivrance et d'évasion mystique, va nuit et jour, à la recherche du chemin vers son paradis perdu, à travers les méandres du rêve ou de l'extase mystique.

La rose aussi fait partie des archétypes des grands mythes. D'abord comme archétype floral, elle symbolise la beauté, l'amour et le bonheur dans le divin. C'est la rose de l'Empyrée du paradis dantesque dont chaque pétale est un siège d'un élu; la rose allégorique du *Roman de la Rose*; la rose-croix; la rose-mamdala, la roue cosmique invitant le candidat au voyage à cette pérégrination de la circonférence vers le centre, de la multiplicité vers l'unité, de la manifestation vers le Foyer axial. Comme archétype féminin, elle représente l'invitation ou l'aspiration au bonheur insaisissable de l'amour par l'immolation et le sacrifice de soi, comme Calypso, Circé, les Sirènes, Hélène de Troie, Viviane, Guenièvre...

Les volcans sont d'abord pour St.-Exupéry des "puissances sans emploi", des forces de transformation de l'énergie ou de l'amour à la recherche de leur objet.[8] Nous y voyons ensuite deux symboles de la tradition orientale: celui du feu et celui du cratère. Le feu, d'abord, est le symbole de Civa de la Trinité hindoue, principe purificateur et sacrificateur qui détruit pour créer. Et ce n'est peut-être pas par hasard que l'auteur a donné jusqu'à trois volcans à la petite planète du petit prince "pas plus grande qu'une maison". Le cratère, ensuite, est le signe, comme la

---

[7] Lamartine, Méditations poétiques.

[8] Citadelle, in Oeuvres, p. 881.

montagne, de la sacralité, du "numen" et du divin, de toutes les littératures religieuses. Nous savons aussi que toutes les manifestations et les transfigurations bibliques ont eu lieu toujours sur la montagne. Le cratère, enfin, selon la tradition celtique, est aussi le chaudron de Bran où les morts ressuscitent, symbole de la transmutation alchimique par excellence: le cratère est le vesseau, l'athanor dans lequel s'effectue l'oeuvre de transsubstantiation et d'immortalisation: Empédocle s'est jeté dans le cratère pour trouver l'immortalité.

Le mouton, tant demandé par le petit prince, est aussi un mouton allégorique. Ce n'est pas un mouton en chair et en os qu'il voulait, mais plutôt l'image du mouton, l'idée du mouton; autrement dit, un mouton idéal, essentiel et spirituel qu'il pourrait voir à travers la caisse. Mais le pilote l'a dessiné aussi sous forme d'un bélier, et le bélier, dans la tradition hindoue, est le véhicule d'Agni, dieu du feu purificateur et sanctificateur. Mouton, bélier, Agni, agneau, brebis, il s'agit toujours de la même famille du "mouton essentiel", véhicule du divin, ou symbole de la pureté et de l'innocence ou de la purification par le feu ou le sacrifice.

Le renard, le plus astucieux des animaux, serait le symbole de l'intelligence animale, ou det cet instinct vital qui n'a pas été vicié ou de "dualisé" par la logique humaine, l'instinct supérieur que Proust appelle "le génie", ou l'image du Soi subconscient selon Jung. Le fait que le petit prince a été initié par un animal inférieur (il n'a pas voulu l'apprivoiser, tellement et exclusivement préoccupé par sa recherche des hommes!) nous montre que dans la quête de la vraie sagesse, la raison humaine doit être aidée par cet instinct supérieur, instinct vital, naturel et universel, sans le secours duquel le petit prince aurait manqué son "coup de génie" et le secret de la vie, celui de voir avec le coeur. Ainsi la voix du renard caché dans l'herbe, "sous le pommier", n'est-elle pas autre chose que cette voix intérieure de la conscience qui, comme le dit Bergson, est composée de l'intelligence humaine et de l'instinct élargi en intuition", ou cette voix du subconscient collectif selon Jung, que le petit prince, à une phase avancée de son voyage symbolique et de son ascèse mystique, a fini par entendre.

Enfin, le serpent nous rappelle le reptile tentateur du paradis terrestre, celui qui a persuadé Eve de ne pas se contenter du bonheur d'être, mais de chercher le "plus-être" dans le devenir, devenir comme Dieu. Le serpent du petit prince lui tient à peu près le même langage: "Je puis t'aider un jour, lui dit-il, si tu regrettes trop ta planète". Et il l'a aidé, par sa morsure, à se libérer de son corps et de ce monde de granit" pour s'envoler vers sa planète et son "ciel antérieur où fleurit la Beauté".[9]

Le sens général du Petit Prince est ensuite pédagogique. Que veut-il dire, St.-Exupéry, à ses petits amis? "S'il vous plaît, dessine-moi un mouton", demanda avec insistance le petit prince à l'aviateur; et cette demande a été réitérée avec tant d'intensité et de sérieux qu'elle avait la force d'un commandement que l'aviateur trouvait "tellement impressionnant et auquel il n'osait pas désobéir". Ce commandement de notre "petit juge" nous rappelle, non sans humour, celui d'un autre juge, celui de *La Farce de Pathelin*: "Revenons à nos moutons! "Et même les enfants savent que cela signifie: "revenons au sujet qui nous occupe!"

Quel était donc le sujet qui occupait l'esprit du petit prince? "Je suis seul, je suis seul!" cria-t-il, et les échos répétèrent et amplifièrent ce cri pathétique par-dessus les montagnes solitaires. L'auteur nous dit aussi que le petit prince était triste, qu'il pleurait, et que, pour se consoler, il regardait souvent les couchers de soleil. La solitude et la tristesse, pour ne pas dire plus, consituaient donc le problème essentiel de la vie du petit prince.

Mais que veut dire être seul? C'est être séparé, divisé ou limité. Et si la separation et la limitation font souffrir, c'est qu'on était, par nature, unifié et illimité, ce qui nous oblige à voir d'abord quelle était la vraie nature du petit prince. "D'où viens-tu, mon petit bonhomme? Où est ce que chez toi? Où veux-tu emporter mon mouton,?" lui demanda l'aviateur. Mais mystérieux, il ne répondait jamais aux questions, il en posait au contraire: "Alors, toi aussi tu viens du ciel?" demanda-t-il à l'aviateur.

D'origine céleste donc, il était par conséquent esprit, et pouvait voir à travers, à travers l'image de la caisse, il voyait l'image du mouton, et à travers l'image du serpent boa, l'image de l'éléphant. Il ne "vivait donc pas des

---

[9]Pour plus de détails, voir aussi chapitre VIII: "Un Résumé symbolique" de cette étude.

choses, mais du sens des choses", de l'image des choses,[10] de "ce qui fait la beauté des choses, et qui est invisible aux yeux".[11] Son monde n'était donc pas ce monde grossier, mais celui de l'image, de l'idée: un monde idéal qui se cache et se devine derrière le monde des sens; ce n'était d'ailleurs pas lui qui vivait, mais vivait en lui l'image de ce qui le dépassait: "Je regardais, nous dit l'aviateur qui le portait dans ses bras, ces yeux clos, ces mèches de cheveux qui tremblaient au vent, et je me disais: "Ce que je vois là n'est qu'une écorce. Le plus important est invisible..."(...) Je me dis encore: "Ce qui m'émeut si fort de ce petit prince endormi, c'est sa fidélité pour une fleur, c'est l'image d'une rose qui rayonne en lui comme la flamme d'une lampe"[12]

Il n'avait pas de nom propre, mais l'aviateur l'appelait petit prince, c'est-à-dire fils de roi, ou "ambassadeur" du roi.[13] D'origine céleste, esprit, prince ou ambassadeur et portant en lui plus grand que lui, c'est quelque chose comme "un dieu tombé qui se souvient des cieux".[14] Et nous comprenons qu'il se sentît seul et séparé, mélancolique et étranger dans ce bas monde.

Que lui fallait-il donc pour être heureux? Revenir au "ciel antérieur où fleurit la Beauté"![15] Mais comment faire? Il avait un corps! "C'est trop lourd, dit-il. Je ne peux pas emporter ce crops-là. C'est trop lourd." Cest aussi, on s'en souvient, à cause du corps et de son image, le moi avec sa condition dualistique et discriminative qu'il n'avait pas pu s'entendre avec sa rose: Alors qu'elle est synbole ésotérique de la beauté divine, sensible seulement au coeur, il l'a abordée avec des moyens grossiers de communication et de connaissance, le langage et la logique! Ce n'est pas

---

[10] Citadelle, in Oeuvres, pp. 520, 526, 548, 660, 718, 719.

[11] Le Petit Prince, in Oeuvres, p. 480.

[12] Ibid. p. 480.

[13] Pilote de Guerre, in Oeuvres, p. 374.

[14] Lamartine, Méditations poétiques, L'Homme.

[15] Mallarmé, La Fenêtre.

étonnant qu'il l'avait trouvée "contradictoire", la jugeant ainsi selon son intelligence logique: grosse erreur de vision et de technique! Il s'en rendit compte seulement après, bien à ses dépens! Et aussi longtemps qu'il resterait conditionné par le corps, le moi et son grossier instrument de recherche qu'est la raison, il lui serait impossible de remonter au "ciel antérieur", c'est-à-dire de réaliser l'unité et le bonheur avec sa rose...

Suffirait-il de supprimer le corps et sa suite par un simple suicide? Non Pas. Ce serait commettre une autre erreur de vision et de technique, car le corps et sa suite constituent de merveilleuses monnaies-d'échange: Ils sont capables de souffrance qui est la pierre philosophale pour transformer l'énergie physique en énergie spirituelle de la conscience. Il ne s'agit donc pas d'avoir: ce qu'on a, n'a qu'une valeur d'échange contre plus grand que soi: Avoir pour être, et non être pour avoir.

Lui-même n'avait qu'une petite planète de rien du tout, une petite rose et trois volcans dont l'un était déjà éteint! Il condamnait aussi l'esprit de possession chez le businessman et ceux qui cultivent cinq mille roses dans un même jardin. "Ce qu'ils cherchent, nous dit-il, pourrait être trouvé dans une seule rose ou un peu d'eau."[16] Il s'agit donc d'être et de devenir "de plus en plus l'âme" en échangeant ou transformant l'énergie matérielle du corps en celle, sprituelle, d'une conscience supérieure à travers la souffrance ou le sacrifice: Il était dieu, mais dieu en graine, en germe. Il devait donc croître et devenir arbre divin en transformant la terre en sève divine. Et c'est ici que

> le renard suggéra au petit prince le coup de génie:
> - Si tuveux un ami, apprivoise-moi.
> - Qu'est-ce que signifie "apprivoiser"?
> - Ca signifie "créer des liens..."
> - Que faut-il faire?
> - Il faut être très patient (...)

Tu t'assoiras un peu loin de moi, comme ça, dans l'herbe...(...) Tu ne diras rien. Le langage est source de malentendus. Mais chaque jour, tu pourras t'asseoir un peu plus près..."[17]

---

[16]Le Petit Prince, in Oeuvres, p. 483.

[17]Le Petit prince, in Oeuvres. pp. 469-471.

En d'autres termes, pour changer quelqu'un en ami et se consoler ainsi de sa solitude, et à plus forte raison, pour devenir "de plus en plus l'âme" et retrouver son "ciel antérieur", le petit prince n'avait qu'une seule voie à suivre: "apprivoiser", c'est-à-dire créer des liens pour être lié à lui, noué à lui, soudé à lui, uni à lui, devenu lui. Et ces liens ne peuvent se créer qu'à travers les actes, les soufrances et les sacrifices, tout comme les soudures ne peuvent se faire qu'à travers le feu, ou comme les nouvelles unifications, ou les coagulations ne peuvent se faire qu'à travers la solution ou la liquéfaction préalable: "Solve et coagula"!

Les liens qui unissaient le petit prince à sa rose c'était le temps qu'il avait perdu pour elle, les peines qu'il s'était données pour l'arroser et l'abriter, les tourments qu'il avait subis à cause de son orgueil et de sa vanité. Et les liens qui le liaient à son renard, c'était de s'être longtemps assis pour lui dans l'herbe, d'avoir gardé pour lui le silence, et d'avoir pour lui observé les rites d'apprivoisement. Apprivoiser signifie donc se transformer ou se sacrifier pour s'unir, s'immoler pour s'identifier à l'être aimé.

Et comme le corps est capable d'action, de sacrifice et de souffrance, il n'est plus un obstacle, mais un instrument d'apprivoisement par excellence. Il n'est plus un mur de séparation, mais un moyen d'union et de transformation. Le corps et le monde phénoménal deviennent ainsi notre précieuse monnaie d'échange et notre merveilleuse puissance de création. Né limité, on peut donc renaître illimité; créé humain et mortel, on peut se recréer divin et immortel, à conditon, bien entendu, d'en accepter le cérémonial de sacrifice et les rites d'apprivoisement.

Eclairé par cette révélation, le petit prince poussait alors, aussi loin que possible, son effort d'apprivoisement universel: apprivoiser l'espace, apprivoiser le temps, apprivoiser l'univers pour et à travers l'image unique de l'objet aimé. Voici d'abord le renard qui nous dit comment, grâce à son ami le petit prince, il verra le monde une fois que son espace, ici les champs de blé, sera apprivoisé: "Tu vois là-bas les champs de blé? Je ne mange pas de pain. Le blé pour moi est inutile. Les champs de blé ne me rappellent rien. Et ça c'est triste! Mais tu as des cheveux couleur d'or. Alors ce sera merveilleux quand tu m'auras apprivoisé! Le blé, qui est doré, me fera souvenir de toi. Et j'aimerai le bruit du vent dans le blé"..."[18]

Voici ensuite le petit prince qui apprit à l'aviateur à apprivoiser l'espace stellaire en son souvenir: "C'est comme pour la fleur. Si tu aimes une fleur qui se trouve dans une étoile, c'est doux, la nuit, de regarder le ciel. Toutes les étoiles sont fleuries.
- Bien sûr...
- Tu regarderas, la nuit, les étoiles...(...) Mon étoile, ça sera pour toi une des étoiles. Alors, toutes les étoiles, tu aimeras les regarder...Elles seront toutes tes amies. Et puis je vais te faire un cadeau...(...) Quand tu regarderas le ciel, la nuit, puisque j'habiterai dans l'une d'elles, puisque je rirai dans l'une d'elles, alors ce sera pour toi comme si riaient toutes les étoiles. Tu auras, toi, des étoiles qui savent rire!?[19]

Et voici comment apprivoiser le temps pour qu'il ne soit plus pour eux que le temps de rendez-vous et de bonheur: "il eût mieux valu revenir à la même heure, dit le renard. Si tu viens, par exemple, à quatre heures de l'après-midi, dès trois heures je commencerai d'être heureux. Plus l'heure avancera, plus je me sentirai heureux. A quatre heures déjà, je m'agiterai et m'inquiéterai; je découvrirai le prix du bonheur. Mais si tu viens n'importe quand, je ne saurai jamais à quelle heure m'habiller le coeur... Il faut des rites."[20]

Et le petit prince à l'aviateur: "Tu sais, ma chute sur la terre...c'en sera demain l'anniversaire...
- Alors ce n'est pas par hasard que, le matin où je t'ai connu, il y a huit jours, tu te promenais comme ça, tout seul, à mille milles de toutes les régions habitées? (...) A cause, peut-être, de l'anniversaire?:[21]

Et le temps ainsi approivoisé ne sera plus, comme le dira plus tard le roi berbère dans *Citadelle*, "un sablier qui use son sable, mais un

---

[18]Ibid. p. 471.

[19]Ibid. pp. 488, 489.

[20]Ibid. pp. 171, 172.

[21]Ibid. p 184.

moissonneur qui noue sa gerbe",[22] car, à cause du rendez-vous et de l'anniversaire, les heures, les jours, les mois et les années seront organisés, structurés, liés et unifiés ensemble à travers l'être aimé.

Mais ce n'est pas tout. Nous constatons aussi que le petit prince, toujours dans l'intention de pousser plus loin son effort d'apprivoisement universel, n'oubliait jamais la condition sine qua non: sa conscience. Et cette conscience est manifestée dans la concentration et la méditation, la contemplation et la pureté d'intention du petit prince.

Toute sa vie terrestre est concentrée sur un seul objet, l'objet aimé: sa rose. Partout et toujours, l'image de sa rose était présente dans ses pensées et ses propos, et le mot "fleur" était répété comme un refrain: "Ma fleur est éphémère...(...) J'ai des difficultés avec une fleur, confia-t-il au serpent. (...) Chez moi, j'avais une fleur: elle parlait toujours la première, soupira-t-il aux montagnes solitaires. (...) Il y a une fleur..., je crois qu'elle m'a apprivoisé, raconta-t-il au renard...(...) Les étoiles sont belles à cause d'une fleur qu'on ne voit pas, déclara-t-til à l'aviateur. (...) Tu sais, je suis responsable de cette fleur. (...) C'est comme pour la fleur, si tu aimes une fleur qui se trouve dans une étoile, c'est doux la nuit de regarder le ciel. Toutes les étoiles sont fleuries."[23]

Chaque geste, chaque événement n'était qu'une réminiscence de sa rose, et son voyage interplanétaire n'avait qu'un but: chercher à la comprendre: un pèlerinage de retour vers la source de son amour. Et pendant ce long voyage, jamais de distraction, jamais de "divertissement pascalien", jamais de dispersion, mais toujours une attention perpétuellement soutenue et orientée vers l'objet de sa quête.

Sa vie était aussi une vie de contemplation: contempler pour méditer et pour mieux apprivoiser; car sa contemplation ne portait que sur les symboles, les "images-pilotes", les archétypes traditionnels, véhicules du divin: les couchers de soleil,[24] les étoiles. les roses, et l'image de son

---

[22]Oeuvres, Citadelle, p. 514 et passim.

[23]Le Pes't Prinu, in Oeuvres, pp. 458, 462, 466, 470, 479, 483, 488.

[24]Cf,: notre Résumé symbolique.

mouton... Le caractère du petit prince était un caractère contemplatif, ou encore comme le dit Jung, "introverti", tourné vers l'intérieur invisible, son monde idéal: "Et il s'enfonça dans une rêverie qui dura longtemps...(...) il se plongea dans la contemplation de son trésor...(...) il me répondit après un silence méditatif..."[25]

Et enfin, la pureté d'intention. Le petit prince était pur, pur d'intention et a été certifié comme tel par le serpent: "Je puis t'emporter plus loin qu'un navire...(...) Mais tu es pur et tu viens d'une étoile." Et justement, c'était sa pureté angélique qui attirait la sympathie de ce serpent tentateur: "Tu me fais pitié, toi si faible, sur cette terre de granit. Je puis t'aider un jour si tu regrettes trop ta planète."[26]

Mais que veut dire être pur? c'est être sans tache du moi, sans mélange d'intérêt égoïste, sans souillure terrestre. C'est être clair, comme l'eau, transparent, si bien qu'on peut voir à travers. Le serpent avait vu, à travers le petit prince, l'image de sa planète, et l'aviateur, celle de sa rose. En effet, le petit prince ne vivait pas pour lui, mais pour l'objet aimé qu'il laissait voir à travers lui: "Ce qui m'émeut si fort de ce petit prince endormi, nous dit l'aviateur, c'est sa fidélité pour une fleur, c'est l'image d'une rose qui rayonne en lui comme la flamme d'une lampe."[27]

Ce qu'il recherchait et proposait comme exemple, c'était la pureté et l'effacement dont l'enfant et le mouton étaient les symboles vivants: la première chose qu'il demamda, c'était, mieux qu'un mouton, le dessin d'un mouton, l'image d'un mouton. Il voulait un mouton pur, pur comme une image. Aini pour le petit prince, comme pour le vieux socrate, la pureté était-elle le chemin qui menait vers ce monde invisible: - "Mes amis, j'en approche; et pour le découvrir... Etre pur et mourir!"[28] Pureté et sagesse donc se confondent, et ce n'est pas pour rien que l'expression polpulaire veut que ce soit "sage comme une image": Vox populi, vox Dei!

---

[25]Ibid. p. 418.

[26]bid. pp. 462-463.

[27]Ibid. p. 480.

[28]Lamartine, Méd. poétiques, La Mort de Socrate.

C'était donc un travail et une discipline, un rite de réalisation et d'initiation, d'immolation et d'identification, de transsubstantialisation et de consécration de l'hostie cosmique, que le petit prince s'était assignés, pendant sa pérégrination symbolique pour retrouver son origine céleste. Et quand vers la fin de son séjour terrestre, il sentit que son effort d'apprivoisement total était achevé, que l'immolation de soi et l'identification avec l'objet aimé étaient déjà consommées, et le devenir enfin réalisé, il accomplit le derneir geste symbolique, celui de laisser à la terre sa dépouille mortelle pour s'envoler vers sa fleur et sa planète; car il pouvait maintenant les comprendre et les aimer. Et cela s'appelle tout simplement mourir pour renaître: Mourir au "vieil homme" conditionné et séparé, pour renaître libéré et unifié: "J'aurai l'air d'être mort et ce ne sera pas vrai..., dit le petit prince... Je ne peux pas emporter ce corps-là. C'est trop lourd...(...) Mais ce sera comme une vieille écorce abandonnée. Ce n'est pas triste les vieilles écorces..."[29]

Et l'auteur nous dit qu'il n'a pas trouvé le corps du petit prince "au lever du jour". Cette disparition du corps était doublement symbolique: le corps était non seulement transformé alchimiquement (à cause ou grâce à la morsure du "serpent-mercure") mais aussi spirituellement, car au "lever du jour", c'est-à-dire à l'aube du réveil de l'amour et de la conscience supérieure, le corps, l'égo et le monde physique avaient perdu leur existence réelle. La vie était déjà centrée, ou selon le mot teilhardien, "surcentrée" vers ce point Oméga, ce foyer axial où règnent la paix et la félicité dans l'unité paradisiaque. Ici s'achève la quête du Graal: le Chevalier errant ou le petit prince, peut maintenant réveiller ce Roi à la fois mort et vivant, endormi au centre de notre château intérieur pour s'identifier complètement avec Lui. Et se réalise ainsi le vieux rêve plotinien, celui de l'envol libérateur de l'Esprit seul vers Lui seul.

Mais si le petit prince avait pu réaliser ce merveilleux travail de la vie, c'est parce qu'un jour, sur sa petite planète, une petite rose lui était apparue. Et si la rose avait pu lui apparaître, c'est parce qu'il avait "fait la toilette de la planète chaque matin", et qu'il avait "taillé ses rosiers": "c'est une question

---

[29] Le Petit Prince, in Oeuvres, pp. 490-491.

de discipline...Quand on a terminé sa toilette du matin, il faut faire soigneusement la toilette de la planète. Il faut s'astreindre régulièrement à arracher les baobabs dès qu'on les distingue des rosiers auxquels ils ressemblent beaucoup quand ils sont jeunes".[30]

Cultivons donc soigneusement notre jardin intérieur, pour qu'un jour, sur notre planète, une petite rose qu'est la conscience cosmique nous éclose et nous invite aussi, à sa manière, à cette "miraculeuse migration" ontologique vers ce qu'elle représente symboliquement: la beauté divine.

---

[30]Ibid. p. 326.

CHAPITRE VII
CITADELLE

Citadelle, oeuvre posthume, et malgré sa forme de gangue inachevée, est bien la some philosophique et pédagogique de St.-Exupéry, ou tout son système d'éducation spirituelle. On y retrouve, non seulement tous les thèmes déjà familiers de l'auteur dans ses oeuvres précédentes, mais aussi et surtout des solutions et des réponses aux problèmes et aux questions posées dans ses oeuvres de jeunesse.

Nous lisons par exemple dans *Courrier Sud*: "Mais dis-moi donc ce que je cherche, et pourquoi contre ma fenêtre, appuyé à la ville de mes amis, de mes désirs, de mes souvenirs, je désespère? Pouquoi, pour la première fois, je ne découvre pas de source, et me sens si loin du trésor? Quelle est cette promesse obscure que l'on m'a faite et qu'un dieu obscur ne tient pas?"[1]

Et dans *Citadelle*: "J'ai souffert une angoisse qui avait une direction. J'ai éprouvé une soif qui avait un remède. Mais m'étant trompé de chemin, j'ai regardé Ta vérité en face sans la comprendre...(...) Toutes les promesses ont été tenues, toutes les récompenses ont été accordées, toutes les misères ont été remboursées au centuple, parce qu'un seul d'entre vous dont le regard est d'aigle, a brusquement fait halte, et, montrant de son doigt une direction dans l'espace, a dit: "Voilà!"[2]

---

[1] Courrier Sud, in Oeuvres. p. 18.

[2] Citadelle, in Oeuvres. pp. 939, 953.

Ainsi, riche des expériences et des leçons apprises dans ses vols comme dans son existence, l'auteur-pilote fait-il halte maintenant dans *Citadelle* pour jeter les fondements de son système d'éducation spirituelle. *Citadelle* symbolise ce terrain ferme, ce château fort ou ce chanp de force, ou cette assise qui va imposer à l'étudiant de la sagesse st.-exupérienne des limites et des digues, mais qui va lui fournir en même temps un fondement, une base existentielle solide pour bâtir l'homme dans son essence, tout comme ce palais du roi berbèe "où tous les pas avaient un sens", et où le prince-héros de Citadelle a reçu lui-même sa propre éducation.

"Car il m'a apparu, nous dit l'auteur, que l'homme était tout semblable à la citadelle. Il renverse les murs pour s'assurer la liberté, mais il n'est plus que forteresse démantelée et ouverte aux étoiles. Alors commence l'angoisse qui est de n'être point... Mais je suis bâtisseur de cités. J'ai décidé d'asseoir ici les assises de ma citadelle. Il est un temps pour la foudre écarlate qui rompt les digues dans le ciel, mais il est un temps pour les citernes où les eaux rompues vont se réunir. Il est un temps pour la conquête, mais vient le temps de la stabilité des empires: Moi qui suis serviteur de Dieu, j'ai le goût de l'éternité... Car je suis d'abord celui qui habite. O citadelle, ma demeure, je te sauverai des projets du sable, et je t'ornerai de clairons tout autour pour sonner contre les barbares!... Citadelle, je te construirai dans le coeur de l'homme."[3]

Et pour encourager et rassurer l'érudiant dans cette "Anabase" ou ce long pèlerinage vers l'intérieur, l'auteur lui promet des trésors spirituels cachés en lui-même que son système d'éducation va lui déverrouiller:"... Mais si tu me permets de te guider pour t'aider à gravir la plus haute montage, j'ai des trésors pour toi si durs à conquérir que beaucoup y renoncent dans leur ascension... Je connais la réserve de joie qui se trouve murée en eux, bien que j'ignore les mots qui la pourraient déverrouiller. Sans doute n'est-elle point pour l'instant. Importe que mûrisse le fruit avant qu'il délivre son miel... Tu ne disposes point des trésors de joie scellés en toi qu'avant l'heure il n'est point permis de déverrouiller...Les provisions de joie murées en vous et qu'il n'était point de discours pour déverrouiller, voici que brusquement,

---

[3]Ibid. pp. 515, 516, 517.

au cours des silex et des ronces..., une étoile invisible...vous transfigure... Car il est des lacs pour t'abreuver si l'on te montre le chemin. Et j'installerai mes dieux en toi pour qu'ils t'éclairent... Car ne pèse point l'individu avec sa pauvre écorce et son bazar d'idées, mais avant tout compte l'âme plus ou moins vaste avec ses climats, ses montagnes, ses déserts de silence, ses fontes de neiges, ses versants de fleurs, ses eaux dormantes, toute une caution invisible et monumentale. Et c'est d'elle que tu tiens ton bonheur."[4]

Cette éducation spirituelle prend son point de départ dans une constatation de l'existence humaine: le sentiment d'angoisse et de solitude: "Tous pleins d'angoisse, sachant que je les guérirai de cette angoisse, si je leur permettais ce don qui exige sacrifice et choix et oubli de l'univers... Puisqu'il est de mon rôle de me pencher sur l'angoisse des hommes dont j'ai décidé de les guérir...(...) Et la licence naît de l'angoisse de ne point réussir à être. (...) Toujours seul, enfermé en moi en face de moi. Et je n'ai point d'espoir de sortir par moi de ma solitude... La solitude, Seigneur, n'est fruit que de l'esprit infirme... Faites seulement que j'apprenne à lire. Alors, Seigneur, c'en sera fini de ma solitude..."[5]

Quelle est donc la cause de ce sentiment d'angoisse et de solitude humaine? C'est, selon l'auteur, le manque d'identité ontoloqique: "Alors commence l'angoisse qui est de n'être point... L'angoisse de ne point réussir à être... "L'homme angoissé de St.-Exupéry est comme l'homme angoissé de Sartre: identifié à son corps et à son moi, limité et séparé, il souffre de ce sentiment de manque, de vide, de néant ontologique. Il peut être comparé à un "trou" qu'il faut sans cesse remplir; ou à la lune partielle qui a besoin d'un autre morceau de lune pour être pleine; ou à un demi-cercle qui doit tourner sans cesse pour avoir l'impression d'être rond... Et il ne guérira de son angoisse et de sa solitude que lorsqu'il aura trouvé la plénitude de l'Etre ou de l'Esprit, à travers le développement de sa conscience. Déjà dans Terre des Hommes, l'auteur nous affirme que seul l'Esprit, s'il souffle sur la glaise, peut créer l'Homme". Et dans *Citadelle*: "Je sais que l'Esprit seul gouverne

---

[4]Ibid. pp. 736, 932, 933, 938, 939, 751, 751, 720.

[5]Ibid. pp, 991, 514, 515, 530, 622, 645, 708, 778, 779, 780, 900.

les hommes et qu'il les gouverne absolument... L'homme est dominé par l'Esprit... Et c'est pourquoi je te dirai que l'Esprit même le monde et non l'intelligence."[6]

Cette définition de l'homme comme essentiellement et ontologiquement esprit, n'admet pas pour lui le bonheur physique ni même intellectuel: Esprit, l'homme ne peut habiter qu'une seule patrie, celle du "sens des choses et non des choses"; et il ne peut jouir que d'un seul bonheur, celui de "l'âme plus ou moins vaste avec ses climats, ses montagnes...toute une caution invisible et monumentale".

L'homme n'est pas son corps. Le corps n'est qu'une écorce, une urne contenant à l'intérieur quelque chose de plus précieux: "Je ne suis point enfermé dans mon corps qui craque comme une vieille écorce, nous dit l'auteur...(...) Une fois que te voilà marié au sable et prêt à te dévêtir de ton écorce...(...) Ainsi ai-je connu leur misère quand se brisait le réservoir avant qu'il fût plein. Car la mort de l'aïeul devenu terre après s'être tout entier échangé n'est qu'une merveille, et c'est l'instrument que l'on enterre, désormais inutile...(...) Mais a raison quiconque accepte la destruction de son urne de chair pour sauver le dépôt qui s'y trouve enfermé... La justice selon mon père est d'honorer le dépositaire à cause du dépôt... Car (les souffrances physiques) sont du vase, ces craquelures de l'écorce, non du contenu..."[7]

Comme le corps, l'égo ou le moi, qui est l'image passagère ou l'organe conscient du corps, n'est qu'un valet de l'esprit, un "hasard personnel", il est aussi provisoire que le corps lui-même: une illusion, tout comme les possessions matérielles. Nous lisons dans Citadelle: "Et te voilà condamné à crier: "moi, moi, moi" dans le vide, ce à quoi il n'est point de réponse...(...) Ce refus d'être tanscendés: "Moi, disent-ils. Et ils se frappent le ventre. Comme s'il était quelqu'un en eux, par eux. Ainsi des pierres du temple qui diraient: "Moi, moi, moi"...(...) Je suis fatigué de moi qui suis lourd à porter, et qui ai besoin, pour entrer en Dieu, de me dévêtir de moi-même... Il n'est

---

[6]Ibid. pp. 811, 868, 827.

[7]Ibid. pp. 531, 608, 911, 689, 538, 628.

point d'égoïsme vrai, mais mutilation. Et celui-là qui s'en va tout seul disant: "Moi, moi, moi"..., il est comme absent du royaume. Ainsi la pierre du temple, ou le mot hors du poème, ou tel fragment de chair qui ne fait pas partie d'un corps. (...) Quand tu auras répété mille années durant: "Moi, moi, moi"..., qu'ai-je appris sur ta démarche? Que sont devenus domaines, pierreries et réserves d'or au travers de toi? (...) Je n'ai que faire de moi, Seigneur, et l'écho de mon propre plaisir me fatigue."[8]

Le bonheur matériel est ainsi une illusion. L'auteur de Citadelle serait d'accord avec Marcel Proust pour déclarer que "les jours heureux sont des jours perdus, et que le bonheur n'a qu'une seule utilité, celle de rendre le malheur possible". "Et si tu me demandes, lit-on en effet dans Citadelle: "Dois-je réveiller celui-là ou le laisser dormir afin qu'il soit heureux?", je te répondrai que je ne connais rien du bonheur. Mais s'il est une aurore boréale, laisseras-tu dormir ton ami? Nul ne doit dormir s'il peut la connaître. Et certes, celui-là aime son sommeil et s'y roule: et cependant arrache-le à som bonheur et jette-le dehors afin qu'il devienne... Et tu ne comprends point l'amertume qui te vient le soir du vide des choses que tu as tellement désirées. Vanité des biens, dis-tu, vanité!...(...) M'apparut éclatante cette autre vérité de l'homme, à savoir que ne signifie rien pour lui le bonheur, et que non plus ne signifie rien l'intérêt. Car le seul intérêt qui le meuve n'est que celui d'être permanent et de durer...(...)...croyant agir par intérêt ou par goût du bonheur ou par raison, ne sachant que raison, goût du bonheur ou intérêt changent et de forme et de sens selon l'empire... Et ce qu'ils disaient intérêt ou goût du bonheur, tu comprendras qu'ils furent qu'un reflet mesquin d'une grande chose."[9]

Si l'homme n'est pas son corps, il n'est pas non plus son intelligence logique, ni sa raison. Ces facultés pratiques ne sont que des instruments ou des servantes de l'esprit: "Je ne crois point en ta logique, nous dit l'auteur, mais en la pente de l'amour... Je dis que la pente, même informulable faute de langage, est plus puissante que la raison... La raison n'est que la servante

---

[8] Ibid. pp. 539, 683, 709, 921, 953.

[9] Ibid. pp. 638, 878, 669, 811, 814, 796.

de l'esprit... Car me vint un jour la connaissance de ce que je ne pouvais pas me tromper..., ayant appris que la logique est gouvernée par plus haut qu'elle... La logique est de l'étage des objets et non de celui du noeud qui les noue... Il n'est point de langage logique, car il n'est point non plus de filiation logique... Et c'est pourquoi je te diral que l'esprit mène le monde et non l'intelligence... Il n'est point de logique qui fasse passer d'un étage à l'autre."[10]

Le corps, le moi et l'intelligence logique de l'homme, comme le monde physique, ne sont que "charroi, voie et passage" pour l'esprit: "La justice, nous dit l'auteur, est de le (l'homme) considérer comme véhicule et comme chemin... Alors le chirurgien se hâtera à travers le désert pour réparer le simple genou d'un homme de peine. Car il s'agit là d'un véhicule. Et ils ont tous deux le même conducteur... Peu m'importe que l'entrepôt porte le nom d'homme; il n'est que vehicule, voie et passage...(la joie) qui vaut pour l'homme, laquelle te vient de te reconnaître tout à coup comme chemin, véhicule et charroi pour le conducteur des conducteurs. Que croirait l'arbre de soi-même? Il se croirait racines, tronc et feuillage. Il croirait se servir en plantant ses racines, mais il n'est que voie et passage. La terre à travers lui se marie au miel du soleil, pousse des bourgeons, ouvre des fleurs... Ainsi je te veux connaissant avec certitude qu'il ne s'agit ni de ton repas, ni de ta prière, ni de ton labour, ni de ton enfant..., car ils ne sont que condition, voie et passage... Il importe, pour que tu sois, que monte l'arbre dont tu es. Tu n'es que charroi, voie et passage... J'ai vu le géomètre amoureux des étoiles. Il changeait en loi pour l'esprit un fil de lumière. Il était véhicule, voie et passage."[11]

Comme l'homme est esprit, il ne peut jouir que de ce dont jouit l'esprit, le sens des choses et non les choses: "L'esprit, nous dit l'auteur, n'habite qu'une patrie, laquelle est sens des choses. Ainsi le temple, quand il est sens des pierres. Il n'a d'ailes que pour cet espace. Il ne se réjouit point des objets, mais du seul visage qu'on lit au travers et qui les noue. Faites

---

[10]Ibid. pp. 707, 766, 778, 752, 826, 827, 985.

[11]Ibid. pp. 538, 883, 895, 907, 921, 941, 961.

simplement que j'apprenne à lire. Alors, Seigneur, c'en sera fini de ma solitude... Car celui-là qui est malade, je puis le faire se dominer par une nouvelle retentissante et le pousser debout à travers la ville, rien qu'en agissant sur son esprit par un certain sens des choses que je nommerai, par exemple, victoire... Car l'animal ne peut accéder qu'à l'objet et non à la couleur de l'objet selon un langage. Mais tu es homme, et t'alimantes du sens des choses et non des choses... Car tes mouvement intérieurs ne sont point gouvernés par l'usage des choses conquises et ton âme s'alimente du sens des choses et non des choses."[12]

Mais cet homme-esprit n'est pas encore né chez l'homme ordinaire: il n'est chez lui qu'en potentialité: Il faut donc lui donner naissance ou le développer. Et le rôle de l'éduction, comme son nom l'indique, est d'amener à l'existence cette essence intérieure, de la faire grandir, devenir en maturité. Et les mots naître, devenir, se créer, muer, se fonder, se bâtir, s'échanger, se transformer, croître, mûrir, se transfigurer, délivrer, donner naissance, accoucher...se répètent comme des refrains dans le vocabulaire pédagogique de *Citadelle*: "Mais ne te fais point d'illusion: tel que tu es, tu es mort... Alors j'impose à l'homme de devenir autre, et plus détendu et plus clair et plus généreux et plus fervent, enfin uni à lui-même dans ses aspirations, et une fois devenu, comme il renie la larve qu'il découvre avoir été, comme il s'étonne de sa propre splendeur...Je te le dis: il n'est point d'amnistie divine que t'épargne de devenir. Tu voudras être, tu ne seras qu'en Dieu...car l'homme, vois-tu, est long à naître...(...) Si quelque chose s'oppose à toi et te déchire, laisse croître, c'est que tu prends racine et que tu mues. Bienheureux ton déchirement qui te fait t'accoucher de toi-même;...sachant enfin que tout, même la forme de la carène, doit s'accroître et vivre et se transformer, sinon elle n'est plus que mort, objet de musée ou routine... Mais toute la vie est naissance... Ma charité, c'est de l'accoucher de lui-même... Et je sentis en moi comme j'eusse senti une blessure, le travail d'une mue lente et perpétuelle."[13]

---

[12]Ibid. pp. 779, 780, 622, 954, 717, 718, 755.

[13]Ibid. pp. 707, 558, 652, 754, 799, 598, 636, 637, 617, 783, 796, 688, 586, 671, 782, 575, 653, 538, 558, 952, 830.

L'homme est donc comparé à une graine pour devenir arbre, une chenille, une larve ou une chrysalide pour devenir papillon, une semence spirituelle pour devenir esprit:"...me parut plus fertile que tout simplement me laisser épanouir comme l'arbre à partir de la graine...(...) Qu'est-ce que la fragilité du germe, s'il détient le pouvoir d'assembler ses amis et de soumettre ses ennemis?... Il n'est point non plus de filiation logique. Tu ne fais point naître l'arbre à partir des sucs minéraux, mais de la graine... Suffit que soient,...par la semence, les lignes de force des ailes, par la graine, les lignes de force de l'arbre. Et que Tu sois, Seigneur, tout simplement... Et ton silence est du grain de blé dans la terre où il pourrit afin de devenir. Et ta stérilité est stérilité dans la chrysalide. Mais tu renaîtras embelli d'ailes... De même que la semence te sauve dans l'arbre un soleil qui s'en irait fondre la glace et pourrir avec elle, la semence spirituelle qui te bâtira dans ta propre graine... Tu ne t'augmentes que de ce que tu transformes, car tu es semence. Il n'est point de cadeau pour toi... Je n'ai rien à espérer pour m'instruire qui soit autre chose que chaleur du feu ou tension de graine. De même que la chenille qui ne sait rien des ailes... Car il en est de toi comme de la graine merveilleuse qui élève la terre au rang de cantique et l'offre au soleil."[14]

Mais comment faire pour donner naissance à l'esprit ou pour développer notre potentialité spirituelle? Par un simple principe scientifique et alchimique de transformation d'énergie. Comme la matière peut se changer en lumière, comme le métal grossier peut se changer en or pur, comme l'arbre peut transformer la terre en fleur, nous pouvons, avec notre conscience, transformer notre énergie physique dans l'action-sacrifice en énergie spirituelle. Et l'auteur appelle "échange" cette "transaction" ou cette souffrance qui sacrifie à l'esprit notre corps, notre égo et nos possessions matérielles qui en sont des obstacles, mais en même temps, de merveilleuses monnaies d'échange: "Et cependant ma sentinelle est de l'empire, nous dit l'auteur, et sa mort même sera payante, parce qu'alors elle s'échangera contre l'empire... Ainsi de ton travail s'il est pain des enfants ou échange de toi en plus vaste... Et quel amour tu as construit et contre quoi, de plus durable que toi-même, s'est échangée ton existence?... Et je puis t'échanger

---

[14]Ibid. pp. 753, 844, 847, 848, 978, 707, 881, 940, 941, 978, 885, 887, 953, 931.

ta vie contre plus haut qu'elle sans que rien te soit enlevé... Je n'aime pas les sédentaires du coeur. Ceux-là qui n'échangent rien, ne deviennent rien. Et la vie n'aura point servi à les mûrir. Et le temps coule pour eux comme une poingée de sable et les perd... Et vous fonderez l'homme dans le petit d'homme en lui enseignant d'abord l'échange, car hors l'échange, il n'est que racornissement... Car si tu te soumets à plus grand que toi, le don de ta vie devient échange."[15]

Ce message de transformation de notre souffrance physique en connaissance spirituelle nous rappelle celui de Marcel Proust. On se souvient de la déclaration de l'auteur d'*A la Recherche du Temps perdu*: "Puisque les forces peuvent se changer en d'autres forces, puisque l'ardeur qui dure devient lumière et que l'électricité de la foudre peut photographier..."[16]

L'auteur de *Citadelle*, en tout cas, est très formel dans ce message. Il en fait la condition sine qua non du devenir et de l'échange de l'homme contre plus grand que soi, condition qui constitue sa contribution la plus significative à l'éducation spirituelle et qui nous rappelle la leçon universelle de toutes les religions et de toutes les littératures du monde: "Car, nous dit-il, je vois condition là où ils voient litige. Comme il en est de ma contrainte qui est condition de ma liberté, ou de mes règles contre l'amour qui sont condition de l'amour...sachant qu'il importe de ne point flechir, ni pactiser par faux amour, au cours d'une guerre sans merci qui est condition de la paix, abandonnant sur le chemin des morts qui sont condition de la vie, acceptant des renoncements qui sont condition de la fête, des paralysies de chrysalides qui sont condition des ailes, car il se trouve que Tu me noues en plus haut que moi-même... Car l'oeuvre qui t'apporte quelque chose est d'abord souffrance, et comment saurait retentir en toi le chant des galériens et de l'absence, si tu n'as point construit d'abord l'absence en toi par mille déchirements, et les galères par l'inexorable de ta destinée? Celui-là qui a longtemps ramé sans espoir vers l'aube, éprouve le chant des galères, et

---

[15]Ibid. pp. 718, 719, 720, 877, 865, 905, 906, 915, 916, 787, 647, 746, 529, 530, 531, 590, 594, 868.

[16]2Tome III. Bibl. de la Pléiade, Gallimard, 1954, p. 906.

celui-là qui eut soif dans le sable, éprouve le chant de l'absence. Mais il n'est rien à te donner, si tu n'as pas souffert, car il n'est personne en toi... Car il faut bien que tu aies toi-même marché pour recevoir dans son plein sens la montagne de mon poème."[17]

Comme cette prescription du sacrifice et de la souffrance constitue le fondement du système pédagogique de l'auteur de Citadelie, et comme elle trouve aussi son écho dans la Religion et la Littérature universelle,[18] laissons-lui encore ici la parole pour la justification de son point de vue: "...J'ai compris le sens profond du sacrifice, continue-t-il en effet, qui n'est point de t'emputer de rien, mais de t'enrichir... C'est pourquoi sacrifice et fêtes se confondent. Car tu montres par là le sens de ton acte... Tu cherches en hauteur le soleil si tu es arbre. Et tes ennemis collaborent avec toi, car il n'est point d'ennemi dans le monde. L'ennemi te limite, donc te donne ta forme et te fonde... Mais que viendras-tu faire dans mon temple, si tu n'as point vécu dans la ville, et lutté et gravi et souffert, si tu n'apportes point les provisions de pierres qu'il s'agit en toi de bâtir?... Ainsi m'est-il apparu que l'homme n'était point digne d'intérêt si, non seulement il n'était point capable de sacrifice, de résistance aux tentations et d'acceptation de la mort, car alors il n'a plus de forme... Mais toute ascension est douloureuse, toute mue est souffrance. Et je ne pénètre point cette musique si d'abord je n'en ai souffert. Car elle n'est sans doute que le fruit de ma souffrance, et je ne crois point en ceux-là qui se réjouissent des provisions ramassées par autrui. Je ne

---

[17] Ibid. pp. 962, 663, 699.

[18] cf. Victor Hugo, La Légende des Siècies:"
"Monter c'est s'immoler, toute cime est sévère,
L'Olympe lentement se transforme en calvaire..."
Ou Baudelaire, La Bénédiction:
"Soyez béni, mon Dieu, qui donnez la souffrance
Comme un divin remède à nos impuretés
Et comme la meilleure et la plus essence
Qui préapre les forts aux saintes voluptés..."
Cf. aussi l'Ancien Testament: l'imposition du travail, la tentation d'Abraham de sacrifier son fils unique, la traversée du désert et de la Mer rouge...Et aussi le Nouveau Testament: la crucifixion, la couronne d'épines, le sermon sur la montagne, la sueur de sang...Et aussi la mythologie universelle: la création du monde à partir du cadavre, d'une goutte de sang, d'une goutte de sueur, d'une larme...c'est-à-dire de la mort ou de la souffrance d'un dieu ou d'une déesse.

crois point qu'il suffise de plonger les enfants des hommes dans le concert et le poème et le discours pour leur accorder la béatitude et la grande ivresse de l'amour, car l'homme est certes faculté d'amour, mais il l'est aussi de souffrance... Il te suffit, Seigneur, pour que je me connaisse, que Tu plantes en moi l'ancre de la douleur. Tu tires sur la corde et je me réveille...(...) Il n'est point d'homme s'il ne s'oppose. Sinon la fourmilière où Dieu ne s'inscrit plus... Car tu ne deviens que contre ce qui te résiste. Et puisque rien de toi n'est exigé par le loisir et que tu pourras aussi bien l'user à dormir sous un arbre ou dans les bras d'amours faciles, puisqu'il n'y est point d'injustice qui te fasse souffrir, de menace qui te tourmente, que vas-tu faire pour exister sinon réinventer toi-même le travail?... Car il n'est point de promeneur oisif auquel il soit donné de voir. L'assemblage n'est rien, lequel seul se montre, et comment saurais-tu d'emblée saisir le dieu quant il n'est qu'exercice de ton coeur?... Car comment rencontrerait-il son ennemi, et ne rencontrant point d'ennemi, par qui serait-il fondé? Contre qui modèlerait-il sa colonne? La colonne se fonde, à travers les générations, de son usure contre la vie. Ne serait-ce qu'une forme, tu ne l'inventes point, mais tu la polis contre l'usage. Et ainsi naissent les empires et les grandes oeuvres. Et ce qui cause tes souffrances les plus graves, c'est cela même qui t'apporte tes joies les plus hautes..."[19]

Et comme ces sacrifices et ces souffrances sont consentis ou offertes par amour à plus grand que soi, l'auteur les appelle les "dons": "...sachant que je les guérirai de cette angoisse, nous dit-il, si je leur permettais ce don qui exige sacrifice et choix et oubil de l'univers... Elle (qualité de la civilisation) n'est point faite de la possession, mais du don... Je bénis cet échange entre le don et le retour qui permet de pousuivre la marche et de donner plus loin encore. Et si le retour permet à la chair de se refaire, c'est le don seul qui alimente le coeur... La qualité de leur coeur, de leur intelligence et de leur âme n'est point liée aux aliments qu'on leur fournit, ni aux facilités qu'on leur accorde, mais aux dons qu'on sollicite d'eux... Quand tu donnes, tu reçois plus que tu ne donnes. Car tu n'étais rien et tu deviens...

---

[19]Citadelle, in Oeuvres. pp. 631, 755, 756, 600, 603, 610, 869, 886, 599, 674, 771, 649, 650, 713, 925.

Plus tu donnes, plus tu grandis. Mais il faut quelqu'un pour recevoir. Et ce n'est point donner que de perde. Car tu t'augmentes de ce que tu donnes et augmentes ton pouvoir de donner."[20]

Ce principe d'éducation qui demande à l'homme de se créer l'esprit ou l'essence à travers les souffrances et les sacrifices de son existence nous rappelle aussi la prémisse existentialiste: "L'existence précède l'essence". L'homme doit d'abord vivre son existence avec ses sentiments d'angoisse et de solitude, d'"absurde" et de "nausée" pour créer petit à petit sa propre essence: "C'est en graissant ton fusil avec respect et pour le fusil et pour la graisse", nous dit en effet l'auteur, "c'est en comptant tes pas sur le chemin de ronde, c'est en saluant ton caporal pour le caporal et pour le salut que tu prépares en toi l'illumination de la sentinelle... C'est en poussant tes pièces d'échec dans le sérieux des conventions du jeu d'échecs, c'est en rougissant de colère si ton adversaire triche avec la règle, que tu prépares l'illumination du vainqueur d'échecs. C'est en sanglant tes bêtes, c'est en grognant contre la soif, c'est en maudissant les vents de sable, c'est en butant et en grelottant et en brûlant que, - sous la condition que tu demeures fidèle, non au pathétique des ailes qui n'est que fausse poésie à l'étage de la chenille, mais à ta fonction de chaque instant, - tu peux prétendre à l'illumination du pèlerin qui sentira plus tard qu'il a fait le pas de miracle aux soudains battements de son coeur... Le sculpteur s'il méprise la glaise, il pétrit le vent. Si ton amour méprise les signes de l'amour, sous prétexte d'atteindre l'essence, il n'est plus que vocabulaire... Saurais-tu aimer le domaine, si tu en excluais tour à tour, comme superflus, parce que trop particuliers, le moulin, le troupeau, la maison? Comment construire l'amour qui est le visage lu à travers la trame, s'il n'est point de trame sur quoi l'écrire? Il n'est point d'amour sans cérémonial en vue de l'amour. L'essence de l'arbre, je ne l'atteins que s'il lentement pétrit la terre selon le cérémonial des racines, du tronc et des branches... Pour celui-là seul qui gratte sa terre, plante l'olivier

---

[20]Ibid. pp. 530, 542, 567, 777, 666, 943, 569.

et sème l'orge, sonne l'heure des métamorphoses dont il ne saurait se réjouir s'il achetait son pain chez le marchand..."[21]

Et comme l'esprit est conscience, ce travail-sacrifice créateur de l'esprit doit être un travail conscient, accompli avec le degré de conscience que nous avons, c'est-à-dire conçu et poursuivi en toute connaissance de cause, avec intention et direction comme une quête, un culte, une prière, une religion: "Car nous dit l'auteur, si, distrait, tu écoutes cette musique et considères ce temple, il ne naîtra rien en toi, et tu ne seras pas alimenté. C'est pourquoi je n'ai point d'autre moyen de t'expliquer la vie à laquelle je te convie que de t'y engager de force et de t'en allaiter... Le miracle alors sera bien que celui-là que j'ajoute à ta caravane, s'il ignore ton langage et ne participe pas à tes craintes, à tes espoirs et à tes joies, si simplement il est réduit aux mêmes gestes que les conducteurs de tes montures, il ne rencontrera rien qu'un désert vide et bâillera tout le long de la traversée d'une étendue interminable dont il ne recevra qu'ennui, et rien de mon désert ne changera ce voyageur... Mais je t'ai parlé de mon bagne où j'enferme ceux qui n'ont plus de qualité d'homme. Et leur coup de pioche vaut pour la pioche...et rien ne change de leur substance. Nage sans rivage et qui tourne en rond. Et il n'est point de création, ils ne sont point route et charroi vers quelque lumière. Mais que soient le même soleil, la même route dure, la même sueur, mais que te soit donné d'extraire une fois l'an le diamant pur, et te voilà religieux dans ta lumière. Car ton coup de pioche a sens de diamant qui n'est point de la même nature. Et te voilà dans la paix de l'arbre et le sens de la vie lequel est de t'élever d'étage en étage à la gloire de Dieu."[22]

L'objet de cette action-sacrifice doit être défini, déterminé, énoncé et considéré constamment en pleine conscience: "Tu donnes naissance à ce que tu considères, nous dit l'auteur. Car tu fais naître l'être de l'avoir défini. Et il cherche à s'alimenter, à se perpétuer et à grandir. Il travaille à devenir soi ce qui est autre... Tu liras dans le présent l'être que tu deviens. Tu

---

[21]Ibid. pp. 938, 865, 952.

[22]Ibid. pp. 737, 796, 900.

l'énonceras. Il donnera leur sens aux hommes et aux actes des hommes. Il n'exigera rien d'eux présentement que ce qu'ils donnent et déjà donnaient hier. Ni plus de courage, ni moins de courage, ni plus de sacrifice, ni moins de sacrifice. Il ne s'agit point de te les prêcher... Il ne s'agit que de te les énoncer."[23]

Et pour que ce travail créateur d'esprit puisse prendre forme, puisse s'établir, durer et ainsi porter fruit, il faut qu'il suive une certaine discipline, un certain champ de force, une certaine structure composée de contraintes et de limites, structure qui ressemble à un rite, une liturgie de la vie quotidienne, et que l'auteur appelle "le cérémonial du devenir": "C'est ainsi que je fis un pas dans la connaissance du bonheur et acceptai de me le poser en problème. Car il m'apparaissait comme fruit du choix d'un cérémonial créant une âme heureuse et non comme cadeau stérile d'objets vains... Ton Dieu n'est point cadeau tout fait, ni provision réservée pour toi quelque part, mais fête et couronnement du cémonial de tes prières... Car exactement comme la cathédrale est un certain arrangement de pierres toutes semblables, mais distribuées selon les lignes de force dont la structure parle à l'esprit, exactement de même qu'il est un cérémonial de mes pierres. Et la cathédrale est plus ou moins belle. Exactement comme la liturgie de mon année est un certain arrangement de jours tous semblables, mais distribués selon des lignes de force dont la structure parle à l'esprit, et ce sont mes lignes de force que tu rencontres, exactement de même qu'il est un cérémonial de mes jours. Et l'année est plus ou moins vivante. Exactement de même qu'il est un cérémonial des traits du visage... Et un cérémonial de mon armée... Et un cérémonial de mon village... Et je ne connais rien au monde qui ne soit d'abord cérémonial. Car tu n'as rien à attendre d'une cathédrale sans architecture, d'une année sans fêtes, d'un visage sans proportions, d'une armée sans règlements, ni d'une patrie sans coutumes. Tu ne sauras quoi faire de tes matériaux en vrac. Pourquoi me dirais-tu de ces objets en vrac qu'ils sont réalité, et du cérémonial qu'il est illusion? Puisque l'objet lui-même est cérémonial de ses parties... Pourquoi l'armée selon toi est moins réelle qu'une pierre?...(...) Moi, j'ai toujours dit à mes chameliers

---

[23]Ibid. pp. 862, 868, 831.

quand ils semblaient las, qu'ils bâtissaient une ville, qu'ils plantaient des mandariniers à mandarines, ni plus ni moins que des charrieurs de pierres ou des jardiniers. Je leur disais: "Vous faites des gestes de cérémonie, vous commencez de réveiller la ville absente."[24]

Ce cérémonial du devenir ou cette structure des lignes de force imposant sacrifices et souffrances pour donner naissance à l'homme spirituel, est comparée à la traversée du désert ou de la Mer rouge pour atteindre la Terre promise: "Et mon désert, nous dit le roi berbère, si seulement je t'en montre les règles du jeu, se fait pour toi d'un tel pouvoir et d'une telle prise que je puis te choisir banal, égoïste, morne et sceptique dans les faubourgs de ma ville, ou le croupissement des oasis, et t'imposer une seule traversée de désert pour faire éclater en toi l'homme, comme une graine hors de sa cosse, et t'épanouir d'esprit et de coeur. Et tu reviendras ayant mué, et magnifique et bâti pour vivre la vie des forts. Et si je me suis borné à te faire participer de son langage, car l'essentiel n'est point des choses, le désert t'aura fait germer et croître comme un soleil. Tu l'auras traversé comme une piscine miraculeuse...(...) Je savoure alors ta chaleur, ô mon peuple, qui prépares la chrysalide de tes quanante jours de désert, et, n'écoutant point le vent des paroles, ne me suis jamais trompé sur toi... Ainsi se referme sur toi la chrysalide du désert, car dès le troisième jour, tu commences d'engluer tes pas dans le bitume de l'étendue... Peu importe, durant le passage, ton inconfort sans espérance, car je me méfie du lyrisme de la chenille qui se croit amoureuse du vol. Suffit qu'elle se dévore soi-même dans la digestion de sa mue. Et que tu franchisses ton désert."[25]

Cette traversée symbolique du désert entendue comme cérémonial du devenir est devenue, dans le vocabulaire de *Citadelle*, le "cérémonial du désert", et sa sagesse, celle "des sables"[26]. Ce qui explique l'importance du désert devenu l'unité de lieu dans les oeuvres de St.-Exupéry:"... Mais il se trouve que t'a fondé le cérémonial du désert, nous dit encore le roi berbère,

---

[24]Ibid. pp. 803, 930, 780, 781, 865, 744, 745, 912, 917, 953 989, 940, 899, 896, 895.

[25]Ibid. pp. 796, 930, 931, 933.

[26]The Wisdom of the Sands: titre de la traduction anglaise de Citadelle.

et que, de t'y être soumis jusqu'au bout, tu accèdes à la fête, laquelle est apparition pour toi d'une abeille d'or... Et te voilà en marche vers ta contrée lointaine qu'au-delà des sables bénissent les eaux, gravissant l'étendue d'un puits à l'autre, comme les marches d'un escalier, pris...dans le cérémonial du désert."[27]

Ce cérémonial du désert ou cérémonial du devenir est aussi comparé à un pèlerinage vers la ville sainte: "Je priai donc Dieu de m'instruire, nous dit le roi berbère, et il me fit, dans sa bonté, me souvenir des caravanes vers la ville sainte, bien que je ne comprisse pas tout d'abord en quoi une vision de chameliers et de soleil me pouvait éclairer mon litige. Je te vis ô mon peuple, préparer sur mon ordre, ton pèlerinage... Donc se met en marche la caravane. Et commencent dès lors la digestion secrète, et le silence et la nuit aveugle de la chysalide, et le dégoût et le doute, et le mal, car toute mue est douloureuse. Ne te convient plus de t'exalter, mais de demeurer fidèle sans comprendre, car il n'est rien à espérer de toi, puisque celui-là que tu étais hier, doit mourir."[28]

Mais ce pèlerinage vers la ville sainte ou cette traversée du désert ou ce cérémonial du devenir...n'est qu'une expression st-exupérienne du message universel, celui du sacrifice ou de la mort donnant naissance à la vie, celui de la crucifixion et de la résurrection, celui de la quête sacrificielle du paradis perdu, ou de la Terre promise, ou celle du St. Graal, celle de la Toison d'or, celle de l'immortalité...symboles tous de la migration vers l'Etre ou du voyage ontologique de "l'Esprit seul vers Lui seul": "Voulez-vous accepter de mourir à vous-mêmes, nous dit le roi berbère, d'oublier et d'asister sans résister à ma création nouvelle? Ainsi seulement pourrez-vous muer, vous étant enfermés en chrysalide... Car ce pour quoi tu acceptes de mourir, c'est cela seul dont tu peux vivre. Si donc vous bâtissez un temple où la douleur due aux ulcères devient cantique et offrande, où la menace de la mort devient port entrevu dans les eaux enfin calmes, croiriez-vous avoir gâché vos efforts?... Ils souhaitent de te donner trop tôt cette paix qui n'est offerte que

---

[27]Ibid. pp. 940, 795.

[28]Ibid. pp. 930, 931.

par la mort, quand tes provisions te servent enfin... De cela seul dont tu peux mourir tu peux vivre... Tu ne peux vivre que de cela seul que tu transformes, et dont un peu chaque jour, puisque tu t'échanges contre, tu meurs. Car où vois-tu qu'il s'agit d'acquérir et de posséder, quand il ne s'agit que de devenir, d'être enfin et de mourir dans la plénitude de sa substance? Dis-toi que la récompense d'abord c'est la mort qui largue enfin le navire. Heureux celui qui est lourd de trésors."[29]

Et c'est après avoir souffert, après nous être sacrifiés, c'est-à-dire rendus sacrés, après être devenus "de plus un plus l'âme", que nous pouvons voir avec les yeux de l'esprit les merveilles du monde sprirtuel:"...s'ouvrent bien...les empires spirituels, nous dit l'auteur, et t'éblouissent les apparitions qui sont non pour les yeux, ni pour l'intelligence, mais pour le coeur et pour l'esprit, si tu fais effort d'ascension et accèdes à cet étage où ne sont plus les choses, mais les noeuds divins qui nouent les choses. Et voici que tu ne peux plus mourir, car mourir c'est perdre, et abandonner en arrière. Et il ne s'agit pas d'abandonner, mais de te confondre en. Et toute ta vie sera remboursée...(...)...ne pèse point l'individu avec sa pauvre écorce et son bazar d'idées, mais avant tout compte l'âme plus ou moins vaste avec ses climats, ses montagnes, ses déserts de silence, ses fontes des neiges, ses versants de fleurs, ses eaux dormantes, toute une caution invisible et monumentale. Et c'est d'elle que tu tiens ton bonheur."[30]

Ainsi toutes ces apparitions et ces révélations, ces visions et ces extases mystiques ne viennent-elles pas de l'extérieur, mais bien de la transformation intérieure de la conscience. Elles sont, selon l'auteur de *Citadelle*, le couronnement et le résultat des sacrifices et des souffrances consciemment consenties et acceptées dans un cérémonial du devenir: une vision ontologique. Car l'homme aura transformé l'énergie physique des sacrifices et des souffrances en énergie spirituelle de la conscience. Il aura dépassé le stade limité de la conscience réfléchie, ou conscience dualistique et égocentrique du moi, source du sentiment de séparation et d'isolation,

---

[29] Ibid. pp. 688, 662, 791, 962, 573, 638, 895, 915, 916, 617.

[30] Ibid. pp. 748, 720.

d'angoisse et de solitude, pour atteindre le stade supérieur de la conscience cosmique du Soi, conscience d'unité et d'amour universel, où l'homme se verra lui-même parcelle du Tout, petit anneau de la grande chaîne de l'Etre, petite goutte de sang du Coeur cosmique ou petit membre du corps mystique.

Comme ce processus de développement de la conscience à travers la souffrance peut donner naissance à cette vision de l'esprit, l'auteur l'appelle aussi "le long apprentissage de la lecture" De même que nous souffrons pour apprendre et comprendre la musique, le jeu d'échecs, les langues étrangères, de même nous souffrons pour apprendre à lire, à travers les êtres et les choses, les relations et les liaisons, les connections et les structures, ou les "noeuds divins" qui les nouent pour former un seul corps et un seul esprit: "Peu importe les objets reliés, nous dit l'auteur de Citadelle, je dois d'abord apprendre à lire les liaisons... Je ne te demande point de croire, mais de lire... Il (l'homme) ne se réjouit point des objets, mais du seul visage qu'on lit au travers et qui les noue. Faites seulement que j'apprenne à lire... Car de même que pour leur permettre de tirer leur plaisir d'un instrument à cordes, il te faut à tes héritiers enseigner l'art de la musique, de même il te faut, pour qu'ils soient des hommes qui éprouvent des sentiments d'homme, leur enseigner à lire, sous le disparate des choses, les visages de ta maison, de ton domaine et de ton empire."[31]

Par cet apprentissage, l'homme se voit alors "noeud de relations", "liens", "liaison", et il voit l'âme comme "ce qui communique avec les ensembles". L'homme-modèle de Citadelle est l'homme-architecte, sculpteur ou géomètre, c'est-à-dire celui qui voit les relations et les connections, les lignes de force entre les parties et le tout: "Car tu es noeud de relations, nous dit l'auteur, et ton identité ne repose point sur ce visage, cette chair..., mais sur telle construction qui à travers toi s'est bâtie... Qu'est-ce que la partie sans le tout? Qu'est-ce que la pierre sans le temple? Qu'est-ce que l'oasis sans le désert?... Mais vous voilà défaits et disparates, et ne cherchant rien que vous-mêmes, et ainsi découvrant le vide, car vous êtes un noeud de relations et rien d'autre, et s'il n'est point de relations, vous ne trouverz rien

---

[31]Ibid. pp. 960, 904, 893, 780, 830, 784.

en vous-mêmes qu'un carrefour mort... Je t'enseignerai sur la trahison. Car tu es neoud de relations et rien d'autre. Et tu existes par tes liens. Tes liens existent par toi. Le temple existe par chacune des pierres. Tu enlèves celleci, il s'éboule."[32]

Ainsi l'homme verra-t-il aussi que "la vie est une", qui c'est un "organisme que évolue", et que, pour lui, être, c'est "être de", vivre c'est appartenir, et exister c'est exister à travers: "Tu es d'un temple, nous dit l'auteur, d'un domaine, d'un empire. Et ils sont par toi... Si tu es d'une maison, d'un domaine, d'un dieu, d'un empire, tu sauveras par ton sacrifice ce dont tu es... Car il importe, pour que tu sois, que monte l'arbre dont tu es. Tu n'es que charroi, voie et passage. Je veux voir ton Dieu pour croire en toi... Je n'ai plus de sens si je suis seul. Qu'on appuie sur moi. Que j'appuie sur l'autre. Que tes hiéranchies me contraignent... Tu es partie de ce corps. Et tu agiras sur ce corps. Et tu le chargeras de ta propre pente. Et ton honneur, tu le recevras de leur honneur, car il n'est rien d'autre à espérer... Et j'ai affaire à un grand corps, et j'ignore, moi, ce que c'est que mourir."[33]

Et ces noeuds de relations ou ces structures, l'auteur les appelle aussi "les visages", "visages reconnaissables et familiers": "Rien n'a de sens en soi, nous dit-il en effet, mais de toute chose, le sens véritable est structure... Car les objets subsistent sans que rien ne leur soit sacrifié. Mais on meurt pour sauver l'invisible noeud qui les noue et les change en domaine, en empire, en visage reconnaissable et familier.... Car il n'est point de passerelle entre toi et les choses, mais entre toi et les visages invisibles qui sont de Dieu ou de l'empire ou de l'amour. Et si je te vois marin sur la mer, c'est à cause d'un visage qui a fait de l'absence un trésor... Car je ne connais rien qui ne soit d'abord visage, ou civilisation, ou temple bâti pour ton coeur... Car elles (les richesses) ne valent rien...si elles n'ont pris place dans un visage... Il ne s'agit point de limites apportées aux biens dûs à l'homme, mais du sauvetage des champs de force qui gouvernent seuls sa qualité et des visages qui parlent seuls à son esprit et à son coeur... Suffit que je t'enseigne le langage qui te

---

[32] Ibid. pp. 866, 744, 915, 893, 892, 874.

[33] Ibid. pp. 872, 920, 921, 919, 925.

permette de lire en ce qui est autour de toi et en toi tel visage neuf et brûlant pour le coeur. Que ferai-je des matériaux qui ne servent point un visage?... Et l'image de l'empire se détruisait en eux comme un visage que l'on ne sait plus regarder qui se perd dans le disparate du monde... C'est pourquoi je dis qu'importe d'abord, dans la construction de l'homme, non de l'instruire, ce qui est vain s'il n'est plus qu'un livre qui marche, mais de l'élever et de le conduire aux étages où ne sont plus les choses mais les visages nés du noeud divin qui noue les choses."[34]

Et ce "visage reconnaissable et familier" s'appelle aussi "le sens des choses" que seul l'esprit peut saisir pour s'en nourrir: "Il te fallait ici devenir, nous dit l'auteur, pour qu'un visage te naisse des choses et qu'une structure s'établisse qui leur donne un sens à travers les spectacles disparates du jour... N'est rien à espérer, si te voilà aveugle à cette lumière qui n'est point des choses, mais du sens des choses... Tu mourras pour le sens du livre, non pour l'encre et le papier... Ainsi de toutes choses qui concernent les hommes, car ce bijou a sens de mariage, ce campement, sens de la tribu, ce temple, sens de Dieu, et ce fleuve, sens de l'empire... Car tes mouvements intérieurs ne sont point gouvernés par l'usage des objets conquis, et ton âme s'alimente du sens des choses et non des choses."[35]

Et ce sens des choses, à son tour, s'appelle "dieu", "divinité", ou "le noeud divin qui noue les choses": "Ainsi, nous dit l'auteur, chaque battement de ton coeur, chaque souffrance, chaque désir, chaque mélancolie du soir, chaque repas du soir...ont sens du dieu qui se lit au travers... Mais tu ne supportes point qu'un noeud se défasse, répandant ses objets en vrac. Et tu meurs, si meurent tes dieux. Car tu en vis... Et c'est pourquoi je dis que la raison n'est que servante de l'esprit..., que tu n'as été gouverné que par les dieux qui sont temple, domaine, empire, pente vers la mer, ou besoin de la liberté... Je t'apporte ici, si je crée, quelques vérités nouvelles dont le nom une fois formulé sera comme le nom dans ton coeur de quelque nouvelle divinité. Car une divinité exprime une certaine relation entre des qualités

---

[34]Ibid. pp. 660, 555, 716, 717, 804, 805, 891, 893, 546, 719, 756, 885, 568, 556, 578, 579, 905, 986.

[35]Ibid. pp. 915, 714, 755, 756, 899.

dont les éléments ne sont pas neufs, mais le sont devenus en elle... Car tu n'as pas besoin d'un objet, mais d'un dieu... Si le cérémonial est bien noué, si tu contemples bien le dieu en lequel vous vous confondez, si ce dieu est assez brûlant, qui te séparera de la maison ou de ton ami?... De ton ami et de toi-même, si tu cherches ailleurs qu'en toi ou ailleurs qu'en lui la racine commune, s'il est pour vous deux, lu à travers le disparate des matériaux, quelque noeud divin qui noue les choses, il n'est ni distance, ni temps qui vous puissent séparer, car de tels dieux en quoi votre unité se fonde, se rient et des murs et des mers... Et nous combattons en fin de compte pour des dieux lesquels sont choix d'une structure à travers les mêmes objets... Car il n'est de communication qu'à travers le dieu qui se montre. Et de même que je ne communique avec mon soldat qu'à travers le visage de l'empire qui est pour l'un et l'autre signification."[36]

Et d'étage en étage, et comme "tout s'ouvre sur plus vaste que soi", ces dieux ou ces noeuds divins nous conduisent naturellement à Dieu, le noeud, le sens ou le visage suprême: "Et te voilà, nous dit l'auteur, dans la paix de l'arbre et le sens de la vie lequel est de t'élever d'étage en étage à la gloire de Dieu... S'il s'agit de la civilisation de l'amour, tu peux dire "elle" et te traduire, croyant que c'est d'elle qu'il s'agit, alors qu'il s'agit du sens des choses et qu'elle n'est que pour te signifier le noeud divin qui les noue au Dieu qui est sens de la vie... Et si j'ai su bâtir ma demeure assez vaste pour donner un sens jusqu'aux étoiles, alors s'ils se hasardent la nuit sur leur seuil et qu'ils lèvent la tête, ils rendront grâce à Dieu de mener si bien ces navires. Et si je la bâtis assez durable pour qu'elle contienne la vie dans sa durée, alors ils iront de fête en fête comme de vestibule en vestibule, sachant où ils vont et découvrant au travers de la vie diverse, le visage de Dieu... C'est alors que je compris que celui-là qui reconnaît le sourire de la statue ou la beauté du paysage ou le silence du temple, c'est Dieu qu'il trouve. Puisqu'il dépasse l'objet pour atteindre la clef, et les mots pour entendre le cantique, et la nuit et les étoiles pour éprouver l'éternité. Car Dieu d'abord est sens de ton langage, et ton langage s'il prend un sens, te montre Dieu... Et peu à peu t'enseigner cette marche vers Dieu qui seule peut te satisfaire, car de signes

---

[36]Ibid. pp. 909, 915, 766, 704, 754, 748, 989, 879, 810, 732.

en signes tu L'atteindras. Lui qui se lit au travers de la trame. Lui le sens du livre dont je t'ai dit les mots. Lui la sagesse. Lui qui est. Lui dont tu reçois tout en retour, car d'étage en étage Il te noue les matériaux afin d'en tirer leur signification. Lui le Dieu qui est dieu aussi des villages et des fontaines...j'ai coutume de dire que l'arbre est vrai lequel est une certaine relation entre ses parties. Puis la forêt laquelle est une certaine relation entre les arbres. Puis le domaine...; puis de l'empire...; puis de Dieu lequel est une relation parfaite entre les empires et quoi que ce soit dans le monde. Dieu est aussi vrai que l'arbre, bien que plus difficile à lire... La seule démarche qui ait un sens, mais qui n'est point exprimable par les mots, car elle est de création pure ou de retentissement, est celle qui te fait passer de Dieu aux objets qui ont reçu de Lui un sens, une couleur et un mouvement."[37]

La relation entre Dieu d'un côté et les êtres ou les choses de l'autre, est donc celle du Tout et des parties qui le composent. Pour exprimer Dieu, l'auteur emploie des symboles collectifs et unitaires comme "arbre" ou "oliver" composé de ses branches, "temple" composé de ses pierres, "navire" composé de ses planches, "domaine" composé de ses plaines et de ses montagnes, ou "empire" composé de ses domaines... Ces symboles nous rappellent bien celui de la vigne de l'Evangile, du corps mystique de St. Paul, de l'Etre unanime de Jules Romains ou de l'Ame universelle des poètes:

"Nous ne sommes que des parties d'un Tout merveilleux
Dont le corps est la Nature, et l'âme, Dieu"[38]

Nous lisons dans *Citadelle*: "Est si tu sais te découvrir branche balancée bien accrochée à l'olivier, tu goûteras dans tes mouvements l'éternité. Eternelle la fontaine qui chante et a su abreuver tes pères, éternelle la lumière des yeux quand te sourira la bien-aimée, éternelle la fraîcheur des nuits. Le temps n'est plus un sablier qui use son sable, mais un moissonneur qui noue sa gerbe... Et les pierres ne savent rien du temple

---

[37] Ibid. pp. 573, 586, 900, 747, 521, 701, 880, 784, 826.

[38] Alexander Pope: We are but parts of a stupendous Whole Whose body Nature is, and God, the soul" (Notre traduction)

qu'elles composent,...ni le morceau d'écorce, de l'arbre qu'il compose avec les autres. Ni l'arbre lui-même, ou telle demeure, du domaine qu'ils composent avec d'autres. Ni toi, de Dieu... La pierre n'a point d'espoir d'être autre chose que pierre. Mais de collaborer, elle s'assemble et devient temple... Car les pierres sont belles en le temple; l'arbre est beau en le domaine; le fleuve est beau en l'empire. Qu'est-ce que la partie sans le tout? Qu'est-ce que la pierre sans le temple? Qu'est-c que l'oasis sans le désert?"[39]

Cet apprentissage de la lecture des liaisons et des relations, des visages et des dieux...est ainsi, en fin de compte, un "apprentissage de Dieu": "Et l'apprentissage du paysage bleu de tes montagnes, nous dit le roi berbère, tu ne le fais que parmi les rocs qui mènent à la crête, et l'apprentissage de Dieu, tu ne le fais que dans l'exercice de prières auxquelles il n'est point répondu".[40] Il va révéler à l'homme que la vie est non seulement une, mais divine, ou plutôt, une, parce que divine, que tout vient de Dieu et va revenir à Dieu, et que c'est "en Lui que nous avons l'être, la vie et le mouvement". La vie cosmique ne consisterait donc qu'en ces deux mouvements de la circulation du coeur divin, la systole et la diastole, ou selon les mots d'Edgar Poe, ces deux mouvements de l'action et de la réaction, de l'extension et de l'attraction de Dieu. Notre propre vie comme celle de toute la création ne serait donc que la manifestation physique ou l'incarnation de Dieu, et notre mort ou la fin du monde ne serait que le retour de Dieu vers Lui-même: Le "Verbum caro factum est", et le "Caro Verbum facta erit" de Balzac ou le "Dieu humanisé et l'Homme divinisé" du Cardinal de Cuse:"... Si je dis que Dieu m'ayant sorti de Lui, sa gravitation m'y ramène, lisons-nous dans *Citadelle*. Et l'auteur continue: "Et si tu vois prospérer le cèdre, c'est qu'il trempe dans le soleil, bien que le soleil n'ait point de signification pour le cèdre... Car né de Lui ne signifie point qu'il Lui ressemble. Ou plutôt je dis "ressemblance" quelque chose qui n'est ni pour tes yeux ni pour ton intelligence, mais pour ton seul esprit. Et c'est ce que je signifie lorsque je dis que la création ressemble à Dieu, le fruit au soleil, le poème à l'objet du

---

[39]Ibid. pp. 514, 707, 708, 709, 893.

[40]Ibid. p. 639.

poème... Et ceci est très important, car faute de reconnaître par les yeux une filiation qui n'a de sens que pour l'esprit, tu refuses les conditions de ta grandeur... Et Dieu descent jusqu'à la maison pour se faire maison... Car j'ai trouvé la paix, Seigneur, au cours de ma prière. Je viens de Toi... De même que la semence te sauve dans l'arbre un soleil qui s'en irait fondre la glace et pourrir avec elle, la semence spirituelle qui te bâtira dans ta propre graine... Ce ne sont point les matériaux de la terre qui s'organisent par hasard et font leur ascension dans l'arbre. Pour créer l'arbre, tu as jeté d'abord la graine où il dormait. Il est venu d'en haut et non d'en bas. Ta pyramide n'a point de sens si elle ne s'achève en Dieu."[41]

Et la mort ou la fin du monde ne serait que la rentrée ou le retour des créatures en Dieu, leur créateur: "Ainsi de toi, mon petit bonhomme, nous dit l'auteur de *Citadelle*, Dieu te fait naître, te fait grandir, te remplit successivement de désirs, de regrets, de joies et de souffrances..., puis Il te rentre en Lui... L'agonie qui n'est plus que balancement d'une conscience tour à tour vidée et remplie par les marées de la mémoire. Elles vont et viennent comme le flux et le reflux... Mais l'équinoxe prépare son reflux décisif, le coeur se vide, la marée et ses provisions rentrent en Dieu... Et voici que tu ne peux même plus mourir, car mourir c'est perdre. Et abandonner en arrière. Et il ne s'agit pas d'abandonner, mais te confondre en. Et toute ta vie sera remboursée... Si tu avais trouvé Dieu, tu te fondrais en Lui, désormais accompli... Ayant ainsi emprunté, afin de te conduire à Lui, un chemin qui fut semblable à un retour... Et tu oublies le miracle d'une démarche qui fut semblable à un retour"[42]

Et comme l'homme est né et fait partie de Dieu, il peut suivre son instinct supérieur pour redevenir divin, comme la chenille pour devenir papillon, ou la graine pour devenir arbre: "Si je cherche, j'ai trouvé, nous dit le géomètre de *Citadelle*, car l'esprit ne cherche que ce qu'il possède. Trouver, c'est voir. Et comment chercherais-je ce qui pour moi n'a point de sens encore?... J'ai choisi vers des puits ingorés des chemins rectilignes qui

---

[41] Ibid. pp. 810, 823, 875, 966, 661, 626, 711.

[42] Ibid. pp. 514, 509, 748 643, 819, 694.

furent semblables à des retours. J'ai eu l'instinct de mes structures comme tes chenilles aveugles de leur soleil...Je cherche à tâtons tes lignes de force, et faute d'évidences qui ne sont point pour mon étage, je dis que j'ai raison dans le choix des rites du cérémonial, s'il se trouve que je m'y délivre et y respire... Je vais à Toi à la façon de l'arbre qui se développe selon les lignes de force de sa graine."[43]

Cet apprentissae de Dieu qu'est l'éducation spirituelle de St.-Exupéry consiste donc à corriger l'erreur originelle de l'homme: sa fausse identification causée par sa conscience du moi, L'homme, après tant d'années d'évolution, a réussi à dépasser le stade de la conscience simple pour atteindre celui de la conscience réfléchie ou conscience du moi. Mais enivré par cette acquisition nouvelle, l'homme s'est complètement et exclusivement identifié à son égo ou à son moi, oubliant que son "avenir tel que les cieux le font, c'est l'élargissement dans l'infini sans fond", c'est-à-dire qu'il doit encore continuer son devenir ou son évolution et dépasser ce stade de conscience limitée du moi pour atteindre le stade supérieur, celui de la conscience cosmique du Soi, tout comme, dans le passé, il a dépassé sa conscience simple pour atteindre le stade actuel de la conscience réfléchie.

Au stade supérieur de la conscience, l'homme, ayant accepté le cérémonial du devenir ou de l'évolution, aura transformé, sacrifié ou échangé sa conscience du moi contre celle du Soi. Il aura découvert que ce n'est plus le moi qui vit, mais c'est le Soi qui vit en lui, le Soi ou Dieu dont il n'est que "voie, charroi et passage". L'angoisse et la solitude humaine, causées par l'erreur et l'ignorance de la conscience du moi, disparaîtront avec celle-ci. Seule demeure la lumière de la conscience cosmique, pleine de connaissance et d'amour, car, l'amour, selon l'auteur de *Citadelle*, n'est que conscience ou connaissance du visage de Dieu à travers le monde. La vie et la mort ne constitueront pour l'homme à la conscience cosmique qu'un jeu de cache-cache de Dieu ou une divine comédie ou le jour et la nuit de Brahma.

---

[43] Ibid. pp. 784, 978.

On pourrait donc conclure ce message de l'unité et de la divinité de la vie qu'est le système de l'éducation spirituelle de *Citadelle* par ces mots d'un poète mystique:

> "The two only seems, but the One is,
> Thyself to self-annihilation give,
> That the false two in the true One may live" (Attar)

Ou encore par cette histoire d'un soufiste: Un jour mourut un soufiste qui avait mené une vie de vertu et de sainteté. Monté au paradis, il trappa à la porte:
- "Qui est là? demanda Notre Seigneur.
- Moi, Seigneur, veuillez m'ouvrir!
- Je suis navré, tu ne peux pas entrer: je n'ai pas de place pour deux moi!

Pas de place pour deux moi? se demanda le soufi, perplexe. Et de nouveau il frappa:
- Qui est là? demanda de nouveau Notre Seigneur.
- Moi-même, votre serviteur. Je meurs hier soir et monte tout de suite vous voir. S'il vous plaît, Seigneur, ouvrez-moi!
- Je suis navré, je n'ai pas de place pour deux moi!

"Deux moi"? s'interrogea philosophiquement le saint. "Toute ma vie je ne vivais que pour Lui: c'était Lui qui vivait en moi. On n'était pas deux, on était un, parfaitement un. Et de nouveau il frappa:
- Qui est là? demanda de nouveau Notre Signeur.
- Vous-même, Seigneur, Vous-même.
- O moi-même, entre donc! répondit finalement Notre Seigneur.

"Entrer en Dieu", "rentrer en Dieu", "s'échanger en Dieu, "être en Dieu", "se fondre en Dieu"...[44], ces leitmotive expriment bien la fin dernière de l'homme st.-exupérien, et aussi, sans doute, de l'homme tout court. Ce message de l'unité et de la divinité de la vie et de l'Etre réalisée à travers le sacrifice de soi devrait être, selon l'éducateur de *Citadelle*, celui de toute "religion"; car être religieux veut dire tout simplement être relié à Dieu par le "noeud divin qui noue les choses", ou être capable de relire le visage divin à

---

[44]Ibid. pp. 509, 514, 748, 579, 666, 906, 565, 598, 643, 851.

travers les êtres et les choses. C'est celui du Dernier Souper: "Ceci est mon corps, ceci est mon sang... Faites ceci en ma mémoire... Que tous soient un..."! C'est aussi celui du Talmud qui veut que le jour de l'arrivée du Royaume de Dieu soit celui où le "deux devient un". Mais c'est aussi, étrangement, celui du fou sartrien. Frantz, le héros des *Séquestrés d'Altona*, qui, vers la fin du drame, avant de commettre le suicide "sacrificiel", et après avoir rejoué la scène de la communion eucharistique du Dernier Souper, enregistra sur son magnétophone son dernier message pour les futures générations en ces termes solennels: "Un et un font un, voilà notre mystère".[45]

L'homme n'est qu'un noème dans la noèse divine: son "esse" n'est qu'un "percipi" de Dieu, nous dit l'auteur de *L'Etre et le Néant*. Et par voie de conséquence, le désir fondamental de l'homme est d'être Dieu: "L'homme se fait homme pour être Dieu".[46]

Existentialisme et athéisme, mysticisme et spiritualisme...se confondent donc dans une "ténébreuse et profonde unité cosmique!

---

[45] J.-P. Sartre, Les Séquestrés d'Altona, Gallimard, 1960, p.222.

[46] J.-P. Sartre, L'Etre et le Néant, Gallimard 1943. p. 722.

CHAPITRE VIII

UN RESUME SYMBOLIQUE
LE PETIT PRINCE

RESUME BIOGRAPHIQUE

Le Petit Prince peut être considéré comme un petit résumé de la vie et de l'oeuvre de St.-Exupéry: résumé biographique, résumé thématique, résumé symbolique et enfin résumé cosmique. Il est d'abord un résumé deux fois biographique, celui de l'auteur et celui de son "Alter Ego", le petit prince, car celui-ci aussi a vécu et nous a raconté sa vie qui doit être comparée à celle de l'auteur pour en dégager la philosophie.

Biographie de l'auteur, il nous donne en raccourci les trois périodes importantes de sa vie: celle de l'enfance jusqu'à l'âge de six ans, celle de l'âge adulte jusqu'à trente-six ans, date approximative de la panne et de la rencontre avec le petit prince dans le désert, et enfin celle qui suit, jusqu'à l'âge de 44 ans, date de sa disparition dans la mer Méditerrannée par un vol de reconnaissance. L'auteur nous les résume ainsi: "Lorsque j'avais six ans..., et...j'ai ainsi vécu seul sans personne avec qui parler véritablement, jusqu'à une panne dans le désert..., et enfin, ...maintenant bien sûr, ça fait six ans déjà..."[1]

Ce petit raccourci de sa vie est important pour la compréhension des trois étapes de développement de la conscience qui nous occupent ici: celle de la conscience simple, celle de la conscience réfléchie, et celle de la

---

[1] Le Petit Prince, in Oeuvres, pp. 411, 413, 493.

conscience cosmique, ou celle de l'union, celle de la séparation et celle de la réunion. Il nous aide aussi à voir plus clair dans l'origine du petit prince et son apparition dans le désert.

Si nous appelons, comme nous l'avons fait, ces trois phases de l'évolution de la conscience, celle de l'union, celle de la séparation et celle de la réunion, nous verrons aisément que l'enfant ou le petit prince dans la troisième phase, celle de la réunion, n'est personne d'autre que l'image de l'enfant St.-Exupéry à l'âge de six ans, dans la première phase: enfant perdu et retrouvé, enfant qui n'est plus séparé de la "grande personne" ou de l'homme St.-Exupéry, mais enfant réalisé par ce dernier et réuni à lui.

Suivons donc de plus près cette évolution psychologique ou ce devenir de la conscience de l'auteur. A l'âge de six ans, l'âge de l'enfance et de l'innocence, de l'unité et de la simplicité où le subconscient et la raison naissante, l'instinct et la jeune intelligence, la "vie sauvage de la jungle" et la vie sociale de la famille, vivent encore en unité, en harmonie et en accord. C'est cet accord entre le subconscient et le conscient naissant, le Soi profond et le moi en voie de développement, qui permet à l'enfant de voir les serpents à la fois fermés et ouverts, c'est-à-dire à la fois le dedans et le dehors, le dessus et le dessous des choses, et ainsi, à travers le serpent boa, il voit l'image de l'éléphant. C'est l'âge de l'unité ou de l'union, l'âge de la conscience simple de l'auteur, l'âge du bonheur paradisiaque de l'enfance.

Puis à partir de six ans, c'est l'âge de l'éducation et de la socialisation, l'âge de l'apprenti-adulte, l'âge de l'école obligatoire. A l'école, "les grandes personnes m'ont conseillé de laisser de côté les dessins de serpents boas ouverts ou fermés, et de m'intéresser plutôt à la géographie, à l'histoire, au calcul et à la grammaire."[2] C'est-à-dire de réprimer et de refouler l'instinct et le subconscient, la vie sauvage de la jungle de l'enfant pour cultiver le conscient ou la raison et la vie sociale de la grande personne. Autrement dit, supprimer l'unité et la simplicité pour développer la dualité: C'est l'âge de la deuxième phase de la conscience, la conscience réfléchie ou la conscience du moi, où le subconscient, comme l'image de l'enfance, est complètement ou incomplètement refoulé vers les profondeurs de la psyché.

---

[2] Ibid. p. 412.

Et l'image de l'enfance doit demeurer comme dans l'état dormant, dans l'attente de l'occasion de sa libération: "Quand j'en rencontrais une (grande personne) qui me paraissait lucide, nous dit l'enfant St.-Exupéry, je faisais l'expérience sur elle de mon dessin numéro un que **J'AI TOUJOURS CONSERVE.**[3]

Puis vers la fin de cette longue période qui dure jusqu'à l'âge d'à peu près trente-six ans, période de la vie de la grande personne en conflit avec celle de l'enfance, période de souffrance et aussi d'action sacrifice et de devenir, un beau jour, à cause d'un grave accident dans le désert où la conscience séparée et le moi censeur sont provisoirement supprimés, le subconscient peut enfin remonter à la surface de la psyché avec son image de l'enfance: Le pilote en panne et endormi ou en coma, voit l'enfant des neiges d'antan: le petit prince. L'enfant-St.-exupéry perdu ou refoulé est enfin retrouvé ou libéré: "Son enfance était devant lui, nous dit Renée Zeller, une enfance faite de sentiments si intimement liés au fond de son âme qu'elle peut un jour prendre vie sous la forme d'un petit prince aux cheveux d'or, tel que St.-Exupéry lui-même à six ans. Cet enfant était ce qu'il y avait de plus semblable à lui-même, c'était sa propre âme."[4]

C'est ici que l'enfant ou le père de l'homme, comme le veut Wordsworth, ou la vie de profondeur ou le Soi, vient au secours de la grande personne ou la vie psychique de la surface ou le moi se trouvant dans une situation désespérée. Mais désespérée, il faut que la grande personne le soit, pour que l'enfant lui vienne en aide; c'est-à-dire il faut que sa conscience du moi se rende et se désarme complètement devant une difficulté insurmontable, qu'elle soit réduite au silence par le sommeil ou le coma ou l'accident dans le désert, pour que la vie de profondeur ou le Soi puisse avoir une chance d'émerger à la surface de la psyché: "*Le premier soir, je me suis donc endormi* sur le sable *à mille milles de toute terre habitée*, nous dit le pilote. J'étais *bien plus isolé qu'un naufragé sur* un radeau au milieu de l'océan. Alors vous inmaginez ma surprise, au lever du jour, quand une drôle

---

[3]Ibid. p. 413 (Nous souligons).

[4]Renée Zeller, La Grande Quête d'Antoine de St.-Exupéry, Editions Alsatia, Paris 1961, p. 47.

de petite voix *m'a réveillé*. Elle disait: "S'il vous plaît, dessine-moi un mouton".[5]

Ce cas de vision dans l'état de sommeil ou l'état de veille ne nous semble pas très étranger. Il a en effet une résonnance familière. C'était le cas de Joseph le vertueux de la Bible qui, comme St.-Exupéry avec sa Consuélo, ou le Petit Prince avec sa Rose, avait des "difficultés" avec sa femme, la sainte vierge Marie qu'il trouva soudain enceinte. La nuit, pendant le sommeil, Joseph entendit la voix et le conseil de Dieu lui expliquant le mystère de l'immaculée conception de Marie. C'était le cas aussi de St. Jean, l'Apôtre bien-aimé, exilé dans l'île déserte de Patmos, qui avait ses visions pendant son sommeil, et y avait reçu l'ordre de Dieu d'écrire son livre de Révélations. C'étrait encore le cas du roi Pharaon avec ses rêves prophétiques et symboliques,...et tant d'autres cas de sommeils, de rêves et de visions, sources de révélations et d'inspirations artistiques, poétiques et mystiques... C'était encore le cas du poète mystique, William Blake, à qui un enfant apparut dans les nuages pour lui demander de tailler une flûte et de jouer la chanson d'un agneau, tout comme le Petit Prince demandant au pilote de lui dessiner un mouton... Et nous en passons. Mais nous-autres aussi, combien de fois nous trouvons-nous devant un problème insoluble, et là-dessus, à bout d'espoir, allons-nous dormir pour trouver au milieu de la nuit le problème résolu.

C'est la vision du rêve, bien sûr, mais qui peut nous dire que le rêve est irréel? Il est notre réalité de tous les jours, ou plutôt, de toutes les nuits, l'autre moitié de notre vie, le temps de notre sommeil. Et combien cette réalité est supérieure à cette autre soi-disant réalité, celle de la veille, car c'est pour porter secours à celle-ci qu'elle nous apparaît. "Hier soir, j'ai rêvé que que j'étais un papillon, nous raconte un poète chinois. Et maintenant, je ne sais plus si je suis un homme rêvant qu'il était un papillon, ou si je suis un papillon rêvant qu'il est un homme". "We are such stuff as dreams are made of..., and our little life is surrounded by dreams..., "nous dit quelque part l'auteur d'Hamlet.

---

[5] Le Petit Prince, in Oeuvres. p. 413.

"Si une personne pouvait être au paradis pendant son rêve, nous dit Coleridge, et si elle recevait une fleur comme preuve d'avoir été là, et si elle trouvait cette fleur dans la main quand elle se réveillait... Ah! là là! Et maintenant?" - "Et maintenant, bien sûr, ça fait six ans déjà... Je n'ai jamais encore raconté cette histoire", nous confia St.-Exupéry le pilote.[6] L'image et l'impression du Petit Prince sont la preuve que St.-Exupéry a été au paradis perdu de son enfance. Et le Petit Prince est ce "livre d'impressions" dont parle Marcel Proust, livre "aux caractères figurés, non tracés par lui et le seul livre vraiment important" de St.-Exupéry.

Car ces apparitions et ces visions ne sont pas créeés ex nihilo: Elles viennent de nous, de notre situation ou de notre état psychique de difficulté qui peut mettre en danger notre équilibre intérieur, et qui demande, par conséquent, une solution immédiate. "Le motif enfant" est l'image des choses oubliées de notre enfance, nous dit C. G. Jung... Certaines phases de la vie psychique d'une personne peuvent devenir autonomes, et se personnifier jusqu'au point de produire une vision de soi-même. On peut se voir, par exemple, comme un enfant. Ces sortes d'expériences visionnaires, soit dans l'état de rêve, soit dans l'état de veille, sont conditionnées par une dissociation entre le présent et le passé, par un conflit entre l'état actuel de la personne et celui de son enfance."[7]

Si le pilote St.-Exupéry a pu voir l'enfant St.-Exupéry ou le Petit Prince, c'est parce qu'il y avait ce conflit entre ses deux mondes: monde de l'enfance qu'il ne peut pas oublier, et monde des "grandes personnes" qu'il ne peut pas supporter, conflit qu'il nous fait sentir tout le long de son récit: "J'ai beaucoup vécu chez les grandes personnes, nous dit-il en effet. Je les ai vues de très près: ça n'a pas trop amélioré mon opinion... Alors je ne lui (grande personne) parlais ni de serpents boas, ni de forêts vierges, ni d'étoiles. Je me mettais à sa portée. Je lui parlais de bridge, de golf, de politique et de cravates...J'ai ainsi vécu seul sans personne avec qui parler véritablement,

---

[6] Le Petit Prince, in Oeuvres. p. 493.

[7] Psyche & Symbol, Edited by Violet S. de Laszlo, Doubleday and Company Garden City, N.Y. 1958, p. 124-125.

jusqu'à une panne dans le désert du Shara..."[8] Et cet état conflictuel a duré trop longtemps, pendant trent-six ans: Il a fallu, immédiatement et de toute nécessité, qu'un accident ou qu'une "panne" de la conscience du moi eût lieu, pour libérer l'enfant emprisonné, et pour que le pilote pût retrouver son paradis perdu avec son Petit Prince et sa Rose.

Le Petit Prince est un résumé deux fois biographique, avions-nous dit. Car ici l'enfant Petit Prince apparaît pour aider l'homme pilote à résoudre le problème de sa vie et de son amour avec sa femme Consuélo, tout en lui racontant l'histoire de sa propre vie et de son propre amour avec sa Rose: "J'ai des difficultés avec une fleur", dit-il. Et l'histoire de sa vie nous retrace les mêmes étapes d'évolution que celles du pilote.

Il était d'abord "un", c'est-à-dire seul sur sa planète, vivant dans l'unité, la simplicité et l'innocence, tout comme le pilote jusqu'à l'âge de six ans. Puis la Rose apparut: Ils étaient donc "deux", avec le malentendu, la séparation et le voyage interplanétaire, c'est-à-dire l'étape de la dualité, comme celle du pilote jusqu'à l'âge de trente-six ans. Enfin, sa chure dans le désert et sa rencontre avec le Renard, et après avoir reçu le conseil et le cérémonial de l'apprivoisement de celui-ci, il accepta la mort et prit son vol de retour pour se réunir avec sa Rose: troisième étape, celle de la réunion, tout comme celle du pilote avec sa panne dans le désert, sa vision du Petit Prince et son retour, et puis sa mort sacrificielle par un vol de "reconnaissance" sur la terre de son enfance.

Dans chaque étape, le problème, les erreurs, et la solution vécus par le Petit Prince sont identiques à ceux vécus par le pilote. Ainsi à partir de la deuxième phase, celle de la conscience de dualité, le Petit Prince, tout comme le pilote, souffrait du sentiment d'isolement et de solitude: "je suis seul", dit-il. Et l'écho amplifiait encore davantage ce cri solitaire dans le désert: "Je suis seul, je suis seul, je suis seul!"

Il souffrait ensuite de ce sentiment d'étouffement et d'emprisonnement causé par la fonction dualistique de sa raison avec laquelle il jugeait sa Rose: "Les fleurs sont si contradictoires", dit-il, commettant ainsi une grosse erreur d'approche: Il aurait dû approcher la

---

[8] Le Petit Prince, in Oeuvres. p. 412-413.

Rose avec le coeur ou l'amour, mais pas avec la tête ou la raison raisonnante! C'est la même erreur d'approche commise par le philosophe J.-P. Sartre, quand il aborde avec sa raison la question de "Dieu qui doit être sensible seulement au coeur": "La notion de Dieu est contradictoire", nous dit-il. Et il conclut que "l'homme est une passion inutile", parce que celui-ci ne peut ni comprendre, ni devenir Dieu pour avoir la plénitude de l'Etre. Combien il est vrai que le poète voudrait mettre sa tête dans le ciel, mais le philosophe, le ciel dans sa tête! A cause de cette erreur commise par sa raison logique devant la beauté et l'amour, le Petit Prince a dû se séparer de sa Rose, et voyager à travers le monde pour s'instruire et développer davantage sa conscience...

Et un jour, vers la fin de son voyage éducationnel et dans sa dernière escale, sur la terre, dans le désert, il voyait cinq mille roses dans un seul jardin (symbole de l'extrême multiplicité opposée à l'unité qu'il cherchait), il était désespéré, et couché sur l'herbe, il pleurait amèrement: "Je me croyais riche d'une fleur unique, se disait-il, et je ne possède qu'une rose ordinaire! Ca et mes trois volcans qui m'arrivent au genou, et dont l'un peut-être, est éteint pour toujours, ça ne fait pas de moi un bien grand prince..."

C'est alors qu'apparut le Renard, l'image de ce subcosncient collectif ou du Soi, et avec lui s'ouvrit pour le Petit Prince la troisème phase de la conscience, celle de la synthèse ou de l'unité cosmique. C'est le Renard, l'animal cher au coeur de l'enfant, l'instinct ou le génie ontologique, qui donna au Petit Prince la leçon de sagesse, pour résoudre le problème de la vie et de l'amour, par le coeur et le don de soi soi-même: "Adieu, lui dit le Renard. Voici mon secret. Il est très simple: on ne voit bien qu'avec le coeur... C'est le temps que tu as perdu pour ta rose qui fait ta rose si importante..." Il lui enseigna ensuite le "cérémonial de l'apprivoisement" pour se créer des liens avec "tous les temps et tous les univers", et ainsi retrouver l'unité universelle. Ainsi initié, le Petit Prince accepta enfin le sacrifice suprême par la morsure d'un serpent au bon venin pour s'envoler vers sa Rose, vivre sa vie de réunion et de bonheur dans sa conscience cosmique.

Le pilote, de son côté, suit exactement le même itinéraire que le Petit Prince, son "conseiller spirituel". Après trente-six ans à peu près de souffrances et de vol un peu partout dans le monde, après sa chute dans le désert et l'initiation par l'Enfant Petit Prince, il rentra chez lui pour entreprendre son vol de "reconnaissance" et de retour vers la terre de son enfance, "se dévêit de lui-même", tombé dans la Méditerrannée et lavé de "cette eau de son baptême," pour entrer enfin dans cette phase d'unité de la conscience cosmique.

Les deux cas sont identiques, parce qu'il ne s'agit que d'une seule et même personne avec un seul et même problème, mais vu à deux niveaux différents, celui de la profondeur et celui de la surface, celui de l'Enfant et celui de l'Homme, celui du Soi et celui du moi: Comment vivre la vie personnelle avec ses différents problèmes et comment devenir pour développer la conscience et comprendre l'énigme de la vie cosmique? Problème vécu par l'homme St.-Exupéry ou le moi et rejoué, demontré et expliqué en leçon par l'enfant ou le Soi dans le personnage du Petit Prince. C'est la vie que l'homme St.-Exupéry devrait vivre, la mort qu'il devrait mourir et la voie qu'il devrait suivre pour devenir. Mais c'est aussi, en raccourci, l'illustration de cette vie cosmique, l'incarnation, la crucifixion, la résurrection et l'ascension. C'est, en un mot, tout le mystère de ce phénomène humain et divin appelé "Homme-Dieu ou Fils de l'homme et Fils de Dieu. C'est enfin le sens cosmique de l'existence.

La vision ou le rêve pendant lequel le pilote voit le Petit Prince peut être appelé aussi avec Jung "le rêve de passage": Le pilote ou le moi conscient, perdu dans le désert, est aidé et initié par l'enfant ou le Soi pour pouvoir passer d'un étage à l'autre, d'un degré de conscience à l'autre, de la vie de surface de la conscience séparée à la vie de profondeur de la conscience unifiée, pour trouver l'unité et la divinité. L'homme idéaliste et sentimental St.-Exupéry, hanté par cette nostalgie du paradis de l'enfance perdue, eût soupiré comme le sentimental Mallarmé, asoiffé d'azur:

"Je me mire et me vois ange! Et je meurs et j'aime
- Que la vitre soit l'art, soit la mysticité -
A renaître, portant mon rêve en diadème,
Au ciel antérieur où fleurit la Beauté!"

Et à la question pressante de la conscience du moi":

> "Est-il moyen, ô moi qui connais l'amertume,
> D'enfoncer le cristal par le monstre insulté,
> Et de m'enfuir avec mes deux ailes sans plume,
> Au risque de tomber pendant l'éternité?",

l'enfant Petit Prince ou la conscience du Soi eût répondu:

> "Il est moyen, ô toi qui connais l'amertume,
> D'enfoncer le cristal par le monstre insulté,
> et de t'enfuir avec tes deux ailes de plume,
> Sans risque de tomber pendant l'éternité"[9]

Car cette apparition du petit prince n'était que le fruit de cette longue préparation et transformation de la conscience du pilote. C'était la vision ou le "visage apparu" quand il a remnpli les conditions du devenir, tout comme le petit prince a pu voir le renard, son génie ontologique, quant il a accompli le cérémonial du devenir, c'est-à-dire quand il a souffert et dépassé les sept planètes ou les sept "péchés capitaux' ou les sept erreurs (Planan - erreur en grec) de la conscience du moi et du monde physique et accepté le sacrifice et l'annéantissement total de soi (tomber dans le désert). Autrement dit, l'homme St.-Exupéry n'a vu l'apparition du petit prince que quand il a fait l'effort pendant trente-six ans de sa vie pour accéder à cet étage de conscience "où ne sont plus les choses, mais les noeuds divins qui nouent les choses": "J'ai souvent réfléchi sur ces apparitions, nous dit plus tard le roi berbère, lesquelles sont seules auxquelles tu puisses prétendre...(...)...et t'éblouissent les apparitions qui sont non pour les yeux ni pour l'intelligence, mais pour le coeur et l'esprit, si tu fais effort d'ascension et accèdes à cet étage où ne sont plus les choses, mais les noeuds divins qui nouent les choses...(...) Aucune circonstance ne réveille en nous un étranger dont nous n'avons rien soupçonné. Il serait trop aisé d'emprunter des âmes toutes faites. Une illumination soudaine semble parfois faire bifurquer une destinée. Mais l'illumination n'est que la vision soudaine, par l'Esprit, d'une route lentement préparée... Je prépare une fête. Je n'aurai pas le droit de

---

[9]Mallarmé, Les Fenêtres.

parler d'apparition soudaine, en moi, d'un autre que moi, puisque cet autre que moi, je le bâtis."[10]

RESUME THEMATIQUE

Le Petit Prince est aussi le résumé de tous les thèmes de St.-Exupéry, thèmes qui nous sont déjà trop familiers: thème de l'enfance et de l'innocence, thème de l'angoisse et de la solitude humaine, thèmes des liens d'amour et de solidarité humaine et cosmique, thème de l'échange existentiel et de l'action sacrifice, thème enfin de la quête, du voyage ou du pèlerinage de retour. Il est surtout une belle illustration du thème qui nous occupe ici, celui du devenir et des trois phases de l'évolution de la conscience à travers la souffrance et l'échange pour atteindre la conscience de l'unité cosmique. Car tous ces thèmes st.-exupériens ne représentent que ces trois thèmes essentiels et universels: celui du paradis, celui du paradis perdu, et celui du paradis retrouvé, ou selon St.-Exupéry, celui de l'enfance, celui de l'enfance perdue, et celui de l'enfance retrouvée; ce qui n'est rien d'autre que les trois phases hégéliennes de l'évolution universelle: la thèse, l'anti-thèse et la synthèse, ou les trois phases de l'évolution de la conscience selon Richard Bucke: la conscience simple, la conscience réfléchie et la conscience cosmique..., ou encore la conscience de l'unité, conscience de la dualité et conscience de l'unité supérieure.

Ces souffrances et ces sacrifices pour retrouver l'uniré perdue, sont representés par des vols multiples, ceux du pilote comme ceux du Petit Prince, car voler c'est à la fois "monter et s'immoler", comme le veut Victor Hugo. Ils doivent aider le pilote à transcender son moi et ses "péchés capitaux" symbolisés par la planète du roi, du vaniteux et du buveur; à transcender ensuite le monde physique, ses possessions et ses activités sans âme, représentés par la planète du businessman, de l'allumeur des réverbères, du géographe et de la terre; et enfin à se dévêtir de son corps et de sa vie personnelle par la mort pour trouver enfin l'unité cosmique.

---

[10]*Citadelle*, in Oeuvres. pp. 747, 748, 295.

Comme tous ces thèmes, déjà trop familiers, se répètent, se recoupent et s'éclairent suffisamment les uns les autres tout le long de notre étude du *Petit Prince*, dans ce chapitre comme dans le précédent, nous pouvons ainsi nous dispenser d'en parler plus long dans ce résumé thématique.

RESUME SYMBOLIQUE

Le plus grand intérêt du *Petit Prince* réside certainement dans son caractère symbolique. Et c'est ce caractère symbolique qui fait en même temps son caractère universel. Car seul l'universel peut intéresser l'homme entier, à la fois conscient et subconscient, comme l'homme de tous les âges, de tous les temps et de tous les pays, défiant ainsi l'espace comme le temps.

Le récrit est écrit pour ainsi dire en deux langages différents: un langage littéral qui, selon l'auteur, pourrait être source de malentendu, et un langage pictural, langage-image ou symbolique, ou encore, selon Erich Fromm, langage oublié. Et comme ce langage oublié ou ces caractères figurés, comme le dit Marcel Proust, ne viennent pas directement de la création consciente et superficielle, mais des productions subsconscientes et profondes, comme ils ne viennent pas directement du moi personnel, mais du Soi universel, ils ont, comme tout ce qui vient de ces profondeurs, un pouvoir irrésistible d'attraction et de fascination: Ils possèdent un caractère mystérieux et numineux.

Les images symboliques les plus imptantes qu'on trouve dans Le Petit Prince et que nous n'avons pas étudiées dans notre chapitre précédent, sont celle de la migration d'oiseaux sauvages, celle du serpent boa avalant un fauve, celle du serpent digérant un éléphant, celle de la caisse du mouton, celle de la rose née en même temps que le soleil, celle du baobab, celle du coucher du soleil, celle de la mort du Petit Prince et enfin celle de l'étoile brillante dans le désert. Venons-en maintenant à chacune de ces images.

LA MIGRATION D'OISEAUX SAUVAGES

La migration d'oiseaux sauvages vers les climats ensoleillés, dont le Petit Prince a profité pour son évasion, symbolise cette quête ou ce voyage ontologique de tout être, humain ou autre, vers la conscience de l'unité et de la divinité, ou ce pèlerinage de retour vers le divin guidé par l'instinct supérieur. Comme l'aveugle attiré par le feu et la chaleur, les chenilles et les plantes par le soleil, l'homme, la semence divine, émigre insctinctivement vers le divin comme ces oiseaux migrateurs vers la chaleur et la lumière solaire. "Si je cherche, j'ai trouvé, nous dit le géomètre de *Citadelle*, car l'esprit ne désire que ce qu'il possède... J'ai eu l'instinct de mes structures comme tes chenilles aveugles de leur soleil... J'ai choisi vers des puits ignorés des chemins rectilignes qui furent semblables à des retours."[11]

L'auteur nous a parlé de ce sens symbolique des oiseaux migrateurs dans *Terre des hommes*, et a comparé cette migration à la recherche, chez l'homme, de l'unité et l'universalité dans la fraternité humaine: "Il m'est venu quelques images, dit-il à son ami le sergent, pour m'expliquer cette vérité que tu n'as pas su traduire en mots, mais dont l'évidence t'a gouverné. Quand passent les canards sauvages à l'époque des migrations, ils provoquent de curieuses marées sur les territoires qu'ils dominent. Les canards domestiques, comme attirés par le grand vol triangulaire, amorcent un bond inhabile. L'appel sauvage a réveillé en eux je ne sais quel vestige sauvage. Et voilà les canards de la ferme changés pour une minute en oiseaux migrateurs. Voilà que dans cette petite tête dure où circulaient d'humbles images de mare, de vers, de poulaille, se développent les étendues continentales, le goût des vents du large et la géographie des mers..."[12]

Dans la même ligne de comparaison, il nous raconte aussi son expérience de l'élevage des gazelles dans le désert: gazelles "aimantées" et hantées par la nostalgie de l'étendue et le besoin naturel du dépassement de soi vers plus vaste que soi: "Les voilà prises de nostalgie, nous dit-il, c'est le désir d'on ne sait quoi... Il existe, l'objet du désir, mais il n'est point de mots pour le dire." Et l'auteur de conclure: "Et à nous, que nous manque-t-il? Que trouverais-tu ici, sergent, qui t'apportât le sentiment de ne plus trahir ta destinée? Peut-être ce bras fraternel..., ce sourire tendre qui ne plaignait pas, mais partageait?... Plaindre, c'est encore être deux. C'est encore être

---

[11] In Oeuvres, p. 784.

[12] In Oeuveres, p. 249-250.

divisé. Mais il existe une altitude des relations où la reconnaissance comme la pitié perdent leur sens. C'est là que l'on respire comme un prisonnier délivré. Nous avons connu cette union... Nous étions les branches d'un même arbre... On découvre...cette unité qui n'a plus besoin de langage...tu éprouvais ici le sentiment de t'accomplir, tu rejoignais l'universel..., tu étais reçu par l'amour."[13]

Le vol aussi, que ce soit celui des oiseaux, du pilote ou du Petit Prince, est toujours le symbole de cet envol libérateur, cette montée ou cette élevation salvatrice rêvée par l'homme de tous les temps et tant chantée par les poètes. On se souvient de *L'élévation* de Baudelaire:

"...Envole-toi bien loin de ces miasmes morbides,
Va te purifier dans l'air supérieur,
Et bois comme une pure et divine liqueur,
Le feu clair qui remplit les espaces limpides.

Derrière les ennuis et les vastes chagrins
Qui chargent de leur poids l'existence brumeuse,
Heureux celui qui peut, d'une aile vigoureuse,
S'élancer vers les champs lumineux et sereins!"

Cette migration d'oiseaux sauvages nous rappelle aussi *Le Langage des Oiseaux* du poète Attar dont le sujet ressemble étrangement à celui du *Petit Prince*. C'est l'histoire des trente oiseaux volant à la recherche de leur Oiseau-Roi. Après avoir traversé les sept vallées, celle de la quête, celle de l'amour..., et finalement celle de l'annihilation totale de soi, ils trouvent leur Oiseau-Roi dont le nom iranien "Simurgh" signifie Trente-Oiseaux.

Combien est vrai le mot du géomètre de *Citadelle*: "L'esprit ne désire que ce qu'il possède". Ne s'agirait-il pas de la même idée chez Kafka, quand il oblige le héros du *Château*, Mr. K., d'aller à la recherche, pendant toute sa vie, du noble gentleman Mr. K(lamm)? Ou chez Beckett qui fait attendre Godot, à ses deux héros qui s'appellent Gogo et Didi, ou Godi et Godi?

Comme la migration d'oiseaux sauvages, la migration du petit prince à travers les sept planètes symbolise aussi cette migration universelle, ce mouvement de dépassement et de transcendance de toute créature vers

---

[13] In Oeuvres, p. 251.

l'Etre ou le divin, à travers les trois phases hégéliennes d'évolution, thèse anti-thèse et synthèse: le nombre 7 est un nombre cosmique par excellence, étant composé de 4 (4 élements cosmiques) et de 3 (3 personnes de la Trinité ou 3 phases de l'évolution de la conscience comme l'exprime aussi Victor Hugo:

> "Deviens l'humanité triple: homme, enfant et femme,
> Va, transfigure--toi, sois de plus en plus l'âme").[14]

Enfin, cette migration descendante et ascendante ou ce voyage aller-retour du petit prince, représente aussi cette migration circulaire de l'Etre seul vers Lui seul de Plotin ou le "Verbum caro factum est" et le "Caro Verbum facta erit" de Balzac, ou les jours et les nuits de Brahma ou de la vie cosmique du *Védanta*.

LE SERPENT BOA AVALANT UN FAUVE

Le dessin du serpent boa avalant un fauve peut symboliser ce processus de transformation et de devenir universel de la vie et de la mort: la mort du fauve donnant naissance à la vie du serpent, et la vie de ce dernier venant de la mort du premier. La vie universelle n'est donc que la nourriture universelle. Nous vivons tous de la mort des autres: les plantes, de celle des minéraux; les animaux, de celle des végétaux; et l'homme, de celle du reste de la nature. Et la vie de toutes les créatures vient de la mort du Créateur. A leur tour, les créatures ou l'homme doit mourir pour que Dieu ou l'Ange puisse naître: La vie et la mort universelle? Un cercle vertueux ou amoureux. Cette idée de la vie, de la mort et de la nourriture universelle, comme celle de l'homme qui meurt pour que 'l'Ange puisse naître", nous rappelle la belle pièce d'Ionesco, *Les Chaises*, et aussi l'opinion d'une enfant de cinq ans que nous avons mentionnée avant (page 78).

De son côté, l'enfant St.-Exupéry, comme pour préciser et éclairer davantage de quelle vie et de quelle mort il s'agit, et après une longue

---

[14]Victor Hugo, La Légende des Siècles, Le Satyre. (Voir aussi l'usage fréquent du nombre 7 dans les deux Testaments)

réflexion, nous fait le dessin suivant, celui du même serpent, boa, mais cette fois digérant un éléphant.

Le serpent, le plus horizontal des animaux[15], avec ses aspects et ses noms différents, comme "serpent-mercure" (serpens mercurialis), serpent tentateur du paradis terrestre, serpent d'airain de Moïse, serpent Midgard, serpent Kundalini, serpent-symbole de la médecine...représente la vie ou le monde physique en transformation ou en métamorphose perpétuelle. Il est ainsi souvent, comme dans l'alchimie grecque, représenté en un cercle rond, la queue dans la bouche ou l'Uroburos, symbolisant la continuité ou la circularité du devenir cosmique.

L'éléphant, selon la mythologie indienne surtout, est le symbole de la royauté et de la divinité. De la royauté, parce qu'il était la monture des rois et des reines d'autrefois: La capitale impériale du Laos, Vientiane, vient du nom sino-viêtnamien "Van-Tuöng" ou "Dix mille Eléphants". Des milliers d'éléphants d'or peuplaient aussi les tombeaux impériaux à Huê, la capitale impériale du Viêtnam. L'éléphant est aussi le "trade mark" de la compagnie de biscuits pour la famille royale d'Angleterre.

L'éléphant est ensuite le symbole de la divinité: le dieu indien Ganesa, l'inspirateur du poème épique national Bahabharata est un dieu-éléphant. Indra, dieu et roi des Devas, avait aussi pour monture un éléphant, l'Airavata.

Le dessin du serpent boa digérant un éléphant veut donc dire symboliquement que la vie ou le monde physique est né du sacrifice ou de la mort d'un dieu, ou que Dieu, le créateur, meurt pour que le monde ou la créature puisse naître: L'Un ou l'Unité se brise ou se pulvérise en pluralité ou multiplicité. C'est l'idée suggérée par l'ébauche d'un serpent de Paul Valéry:

> "Comme las de son pur spectacle,
> Dieu Lui-même a rompu l'obstacle
> De sa parfaite unité.
> Il se fit celui qui dissipe
> En conséquences, son principe,
> En étoiles, son unité."

---

[15] Gérard de Champeaux, "Le Monde des Symboles", Ed. Zodiaque, 1966, p. 255.

Et le message de St.-Exupéry est de nous faire voir, à travers le monde physique, le visage de Dieu sacrifié à l'intérieur.

LA CAISSE DU MOUTON ET LES TROIS VOLCANS

Le dessin de la caisse du mouton exprime la même idée que celui du serpent boa. La caisse avec ses 4 côtés (ou 4 éléments cosmiques) et ses 3 ouvertures rondes (ou les 3 personnes de la Trinité divine) représente bien ce grand cosmos tout entier, comprenant le monde physique et le monde divin et contenant à l'intérieur un mouton ou l'Agneau de Dieu immolé à l'origine du monde: "Le Christ se donne à nous à travers le monde", nous dit Teilhard de Chardin. Et Jules Romains, le poète de l'Unanimisme, nous affirme que les choses matérielles ne sont que "des coffrets d'un jour où se ramasse l'Unanime".

La même image symbolique peut se voir encore dans le dessin des trois volcans, c'est-à-dire des trois montagnes cosmiques contenant à l'intérieur le feu transformateur et purificateur de la divinité. On se souvient d'Empédocle, l'auteur des poèmes sur l'univers et les purifications, se jetant dans le cratère de l'Etna pour trouver l'immortalité. L'auteur nous dit aussi que le Petit Prince ramone régulièrement ses volcans, c'est-à-dire qu'il sacrifie et purifie sa vie physique pour nourrir et fortifier le feu divin à l'intérieur, pour qu'il brûle régulièrement et qu'il soit visible à travers. Il nous dit encore que le Petit Prince fait chauffer son petit déjeuner sur le feu volcanique, ce qui implique l'idée que la vie universelle devient la nourriture universelle grâce à ce feu transformateur et divinisateur: Tout n'est que nourriture pour plus grand que soi.

LA ROSE "NÉE EN MÊME TEMPS QUE LE SOLEIL"

La Rose dont le Petit Prince est amoureux symbolise l'unité par sa forme ronde, et la beauté par sa couleur, et à cause de ces deux qualités féminines, elle est le symbole par excellence de la beauté de la femme:

"Comme si de ces fleurs ayant toutes une âme, la plus belle s'était épanouie en femme", nous dit Victor Hugo.[16]

Mais derrière la Rose, l'auteur nous a dessiné l'image du soleil, et la Rose elle-même nous déclare qu'elle est "née en même temps que le soleil". Elle représente donc, plus que la beauté féminine, la beauté divine; ou comme nous le dit baudelaire, la beauté du Soleil saint "des rayons primitifs, et dont les yeux mortels dans leur splendeur entiere, ne sont que des miroirs obscurcis et plaintifs".[17]

Mais la Rose a aussi ses 4 épines, c'est-à-dire pour mériter cet amour de la Rose, il faut s'imposer un nombre cosmique de sacrifices et de souffrances, tout comme "pour tresser ma couronne mystique, imposer tous les temps et tous les univers", comme nous dit encore le même Baudelaire. Alfred de Musset nous donne encore le même conseil: "Aime et tu renaîtras, fais-toi fleur pour éclore, après avoir souffert, il faut souffrir encore... "Et c'est précisément grâce à la souffrance et au labeur du Petit prince, grâce à son nettoyage et sa "toilette" de la planète et à son ramonage des volcans...que la fleur a pu germer et éclore un jour" en même temps que le soleil".

LE BAOBAB

Le Baobab est d'abord le symbole de l'arbre en général. Et l'arbre, selon St.-Exupéry, est le symbole de la vie transformatrice, échangeant la terre en fleur offerte à la lumière. Il est aussi le symbole de la vie qui monte et qui aspire vers la hauteur contre la loi de la pesanteur.

Mais le Baobab est tout le contraire de cet arbre idéal: il est un "anti-arbre". Il ne s'élance pas verticalement dans l'air comme le chêne ou l'olivier, arbres préférés de l'auteur, mais avec son tronc ayant plus de grosseur que de hauteur, s'alourdit vers la terre où mordent et s'enfoncent solidement ses racines, subissant ainsi lourdement la loi de la pesanteur.

---

[16] Victor Hugo, Le Sacre de la femme, la Légende des Siècles.

[17] Baudelaire, La Bénédiction, in Les Fleurs du Mal.

Sa forme de barrique est aussi très peu esthétique, car l'art architectural ou sculptural moderne (Giacometti, Germain Richier) suit la ligne filiforme et étirée, montant verticalement vers les hauteurs comme les tours de ces cathédrales gothiques, symboles de ce mouvement d'éthérialisation ou de spiritualisation de l'âme humaine.

Son nom Baobab veut dire "mille ans", faisant ainsi concurrence avec le Millenium du Royaume de Dieu. Il est d'ailleurs trop pratique et utilitaire, et par conséquent, trop matériel: Il peut servir de logement et de vêtement, de nourriture et de médecine, et produire d'innombrables instruments et ustensiles pour la vie pratique de chaque jour.

Ses fruits s'appellent "pain des singes", et la légende africaine nous raconte qu'un démon a fait du Baobab un arbre à l'envers. Tout en lui le rive et rive l'homme à la vie terrestre sans laisser à Dieu aucune chance pour sa vocation céleste! L'auteur nous dit en effet que les Baobabs sont "grands comme des églises, et que si même le Petit Prince emportait avec lui tout un troupeau d'éléphants, ce troupeau d'éléphants (symboles de la divinité) ne viendrait pas à bout d'un seul Baobab".

C'est pour cela que l'auteur, "animé d'un sentiment de l'urgence", a fait un dessin grandiose pour dire aux enfants de faire attention aux Baobabs, et qu'il leur faut s'en débarrasser au plus tôt quand ils sont encore jeunes. Car "si l'on s'y prend trop tard, on ne peut jamais plus s'en débarrasser. Ils encombrent toute la planète. Ils la perforent de leurs racines. Et si la planète est trop petite et si les Baobabs sont trop nombreux, ils la font éclater".

Les Baobabs avec leur grosseur imposante et leur attachement à la terre, et contre lesquels l'auteur garde une si grande animosité, représentent bien les "grandes personnes" selon le Petit Prince: "Elles se croient importantes comme les Baobabs, nous dit-il en effet. Et si l'homme donne tant d'importance à son moi et à son corps, s'il s'y identifie, c'est-à-dire s'il reste condamné à sa conscience du moi, il n'aura plus de chance d'atteindre le degré de conscience supérieure et de pouvoir lire le visage de Dieu à travers le monde.

LE COUCHER DE SOLEIL

Le Petit Prince nous dit qu'il aime regarder le coucher de soleil, et même un jour il le regarde jusqu'à 44 fois, c'est-à-dire 40 fois le nombre cosmique 4. Le coucher de soleil a donc pour lui une importance symbolique et cosmique. Il nous rappelle d'abord les vers de Lamartine:

> "Et déjà le soleil était sur les montagnes,
> Et rasant d'un rayon les flots et les campagnes,
> Semblait, faisant au monde un magnifique adieu,
> Aller se rajeunir au sein brillant de Dieu".[18]

Le coucher de soleil symbolise ainsi la fin d'une journée ou celle d'une vie: Donc la mort ou le sommeil. Mais dormir ou mourir ici c'est pour se réveiller ou ressusciter le lendemain. La mort et la vie ne sont donc que les jours et les nuits de Brahama, car le soleil vient du sein brillant de Dieu le matin, puis y revient le soir pour se rajeunir et ressusciter de nouveau. Contempler le coucher de soleil veut donc dire méditer sur le sens de la vie et de la mort, deux phases ou deux mouvements circulaires de la vie cosmique, ou la systole et la diastole du coeur cosmique, ou l'incarnation et la désincarnation de l'Esprit: Le soleil ou la lumière descend ou s'incarne le soir dans l'eau de la mer, puis s'en dégage ou se désincarne et monte dans le ciel, brillant et clair, le lendemain matin. Et c'est ainsi que le jour de la création biblique commence avec le soir.

LA MORT DU PETIT PRINCE ET L'ETOILE DANS LE DÉSERT

Le dessin du petit prince qui meurt et tombe sur le sable avec, au-dessus de lui, l'étoile brillante dans le désert, est le dernier dessin du livre. Il marque donc la fin, la fin de la vie terrestre du petit prince, fin du livre, et aussi fin du monde, ou le point Oméga selon Teilhard de Chardin. Mais comme toute fin implique un commencement, et tout oméga demande un alpha, ce dernier dessin nous ramène donc au tout premier dessin fait par

---

[18] Lamartine, Les Méditations poétiques.

l'enfant St.-exupéry, celui du serpent boa digérant un éléphant, représentant, comme nous l'avons dit, la création ou le commencement du monde.

Comme la vie du monde (ou du serpent boa) a commencé par la mort d'un dieu (ou de l'élépahnt), autrement dit, comme Dieu-créateur meurt au début des temps pour que le monde-créature puisse naître, à son tour, le petit prince ou l'homme-créature meurt à la fin des temps, pour que Dieu-créateur puisse renaître: Dieu ou divinité symbolisée ici, dans le dernier dessin, par l'étoile brillante dans le désert (désert symbolisant aussi l'annihilation totale du monde matériel). La vie et la mort ne sont donc qu'un long processus de transformation ou d'échange de l'Etre seul en Lui seul: Notre vie, c'est sa propre mort, son incarnation, ou sa crucifixion. Et notre mort, c'est sa propre résurrection, sa désincarnation ou sa spiritualisation en "pure lumière". L'étoile qui monte dans le désert, lors de la mort du petit prince, devrait être celle-là même qui est descendue, en ce temps-là, sur Betléhem, au-dessus de la crèche, lors de la naissance de l'enfant divin, au milieu des minéraux, des végétaux et des animaux, mais aussi en tout temps, sur chaque Betléhem, dans chaque maison, lors de la naissance de chaque enfant. A la chanson de Noël: "Il est né le divin enfant...", répond donc celle de l'Unanimisme de Jules Romains: "Dieu notre fils est né là-bas, sous les toits, toutes les forces vont chanter". La vie cosmique? Un voyage aller-retour de l'Etre seul vers Lui seul.

RESUME COSMIQUE

Le Petit Prince est aussi un excellent résumé de la vie cosmique ou divine. Le héros accomplit symboliquement en sa personne et sa vie ce raccourci ou cette unité entre ciel et terre, hamanité et divinité, temps et espace, réalisant ainsi ce lien ontologique ou ce "noeud divin qui noue les choses". Car toute la vie cosmique ne se résume qu'en trois temps: Divinité, divinité perdue, et divinité retrouvée.

D'origine divine ou céleste ("toi aussi, tu viens du ciel?"), le petit prince descend sur terre. Et après une année, c'est-à-dire après avoir passé 4 saisons du temps cosmique, et traversé les 7 planètes, ou tout le nombre cosmique de planètes et de l'espace, il se débarrasse de son corps pour revenir au ciel antérieur, devenu enfin cette "pure lumière puisée au Foyer saint des rayons primitifs", symbolisée ici par l'étoile brillante dans le désert, accomplissant ainsi un cycle complet de vie et de mort, de jour et de nuit de la vie de l'Etre.

Il vit ainsi la vie de tout homme et de toute créature, c'est-à-dire toute la vie cosmisque, car toute l'histoire de la vie cosmique ne se résume qu'ainsi: tout vient de Dieu et tout va revenir à Dieu après un long processus du devenir: "Borné dans sa nature, infini dans ses voeux, l'homme est un dieu tombé qui se souvient des cieux".[19]

Et pour comprendre ce long processus du devenir, ou pour faire l'apprentissage du visage de Dieu, l'homme doit sacrifier ou échanger son corps et son moi pour les transformer en énergie spirituelle et développer sa conscience. Ce développement de la conscience doit suivre ses trois phases hégéliennes de thèse, anti-thèse et synthèse, ou de conscience simple, conscience réfléchie et conscience cosmique, phases que le petit prince a suivies lui-même dans les trois périodes de sa vie: celle d'avant la chute, celle de la vie sur terre, et celle de la remontée en pure lumière de l'étoile brillante dans le désert, désert symbolisant lui-même l'annihilation totale du monde matériel.

Et c'est bien cette leçon, en résumé, de l'unité et de la divité de la vie cosmique que le petit prince ou le Soi du pilote a voulu donner à son moi dans le désert. Leçon en vision, en rêve, qui montre à l'homme st.-exupérien la vraie potentialité, la vraie vocation et la vraie destinée de l'homme, parce qu'il a pu vivre en quelques heures tout le passé, le présent et l'avenir cosmique, transcender les limites de sa condition séparée, résoudre les problèmes de l'existence et retrouver le paradis de l'enfance perdue.

---

[19] Lamartine, Méditations poétiques.

CONCLUSION

Nous avons cité dans notre introduction le mot d'Einstein: "St-Exupéry est l'homme qui peut nous sauver". Nous devons amintenant nous demander de quoi et comment il peut nous sauver.

De quoi donc peut-il nous sauver? - "Du péché de l'existence", peut-on répondre avec l'auteur de La Nausée. Cette réponse peut nous servir ici. Car c'est "l'existence" qui nous inflige ces souffrances absurdes, le mal et la mort révoltants: toutes ces nausées en un mot. Nous souffrons absurdement, parce que nous "existons". Dieu n'a pas cette sorte de souffrance, parce qu'il "n'existe pas: Il est", comme l'a dit Sartre. Les petits enfants non plus, parce qu'ils sont, tout simplement. Ils sont dans l'unité et la simplicité de l'Etre.

"Exister", c'est sortir de l'Etre, se tenir ou se placer en dehors de l'essence, vivre comme l'enfant prodigue qui quitte la maison paternelle. Et ses souffrances absurdes (absurdes, parce qu'il se les impose sans nécessité, pour rien, par erreur, par un coup de tête) ne cesseront que quand il sera rentré chez lui, réintégré dans l'unité, au sein de sa famille. Nous vivons ainsi en état de "péché", c'est-à-dire en état d'erreur et de faute, faute contre Nature, unité et réalité, contre l'Etre. "L'existence" est donc un péché ontologique, parce qu'elle pèche contre l'unité de l'Etre. Mais c'est un péché conceptuel, une vue fausse de l'intelligence analytique et dualistique, un défaut de la conscience, car rien, ni personne, ne peut réellement vivre en dehors de l'Etre.

Notre conscience actuelle est celle de la dualité. Elle nous donne une vue écartelée du monde. Elle nous présente les êtres et les choses comme fondamentalement différents et séparés de nous. Elle nous fait voir un univers coupé en deux, celui du moi et celui du toi ou du non-moi. Notre moi se sent ainsi retranché du monde et de tous les autres, seul par conséquent, et étranger, isolé et nu, faible et sans défense. Toute notre vie, nous n'avons qu'à suivre cette réaction soi-disant normale d'autodéfense, cherchant par tous les moyens (matériels, intellectuels et même spirituels) à nous défendre contre l'autre, à vaincre ou même à supprimer l'autre qui est notre enfer!

Conséquence? Un état de guerre sans merci, un conflit perpétuel qu'on appelle "la lutte pour la vie", avec l'alternance sans fin de victoire et de défaite, jusqu'à ce que, peut-être, un seul être puisse régner sur la Terre enfin déserte, ou qu'en cas désespéré, on se suicide ou qu'on en devienne fou: Car c'est seulement par ces moyens extrêmes qu'on pourrait supprimer un terme de la dualité ou en abolir complètement la conscience déchirée. La mort (par le meurtre ou le suicide) et la folie sont donc les deux seules conclusions logiques de cette conscience dualistique de l'existence.

Mais même si l'on pouvait triompher de tous les êtres pour régner seul, comment pourrait-on régner contre l'Etre ou triompher de l'Etre dont on se tient séparé conceptuellement, avec lequel on se tient toujours en "duel"? L'Etre et ses décrêts, ses ordres et ses forces supérieures à l'homme, le destin, la mort, les dieux? Et c'est le sort de Sisyphe, esclave des dieux, condamné à rouler éternellement son rocher. Il a beau les insulter, il ne pourrait jamais triompher d'eux. Quelle absurdité et quelle impasse de la vie dont la plus belle illustration se trouve déjà dans la révolte de Camus!

De tous les temps et de tous les pays, l'homme n'a rien pu inventer pour le sauver de son existence absurde, excepté le recours à l'Art, et à la Religion, c'est-à-dire à ce moyen de le relier à l'Etre et de réintéger l'essence. Mais là encore, sa conscience dualistique lui présente un Dieu différent de lui, séparé de lui par un fossé ontologique infranchissable, si bien qu'il ne peut jamais être relié à son Dieu, ni Le comprendre, et pour finir, il doit condamner son Dieu comme "contradictoire", et l'homme lui-même, comme "une passion inutile".[1]

---

[1] J. Paul Sartre, L'Etre et le néant.

Ou bien, comme alternative, cette conscience séparée peut offrir à l'homme une religion de compromis, une religion dualistique à la mesure de sa conscience. Non, certes, celle qui l'aide à réaliser l'unité de l'Etre ou du Soi par la mort ou le sacrifice du moi, mais celle qui assure au moi son salut personnel et individuel, dans une sorte "d'unité à deux", ou d'une "union différenciée" avec Dieu. Au lieu de se révolter contre Dieu ou Le rejeter ou Le condamner comme dans le cas précédent, on va L'adorer ou Le contempler ou Le ménager, car contempler ou ménager, c'est encore différencier et non unifier!

Cette religion dualistique est aussi et, nécessairement, historique, car l'histoire appartient à l'existence, elle est extérieure à l'Etre, à l'essence: "A l'Histoire!" est le dernier cri de Caligula de Camus, quand il a tout épuisé et s'est épuisé dans sa révolte dualistique et négative. Cette religion historique nous enseigne à célébrer les événements religieux comme des événements historiques. Ainsi la naissance, la mort et la résurrection de l'Homme-Dieu sont-elles célébrées comme des commémorations des événements passés, appartenant à l'Histoire ancienne, ayant eu lieu in illo tempore, en quelque Thulé bien éloigné de nous, bien extérieur à nous. Ce sont des événements historiques et non ontologiques, c'est-à-dire ne touchant pas notre être profond, et par conséquent laissant intact notre moi que nous adorons.

Ainsi célébrons-nous à Noël la naissance de l'Enfant divin par l'échange des présents et des dons, mais ce ne sont pas des dons ontologiques de soi. Ce sont des dons économiques qu'on achète chez les marchands. Et comme l'Enfant divin n'est pas né ontologiquement en nous et par nous, rien n'a changé pour nous après chaque Noël, sauf quelques jours de vacances pour nos divertissements pascaliens, pour oublier nos absurdités et nos "nausées"!

Ainsi encore célébrons-nous à Pâques la mort et la résurrection de l'Homme-Dieu, en échangeant aussi des cadeaux, des cadeaux gastronomiques cette fois, composés d'oeufs et de lapins de chocolat. On s'amuse aussi à laisser les enfants chercher des oeufs soigneusement cachés sous des arbres ou dans des buissons de notre jardin, sans nous rendre compte que ces oeufs et ces lapins de Pâque nous invitent, symboliquement, à faire cet échange ontologique, en donnant naissance à l'Enfant divin par notre sacrifice humain, dans le secret de notre propre jardin ontologique: Car c'est le seul cadeau qu'on puisse donner à Dieu pour sa résurrection.

Mais l'adoration liturgique ou la commémoration historique, sans la réalisation ontologique, ne peut nous aider, car adorer ou célébrer, c'est encore être deux, c'est encore être divisé et séparé, c'est encore être en dehors de l'Etre. Et cette religion dualistique et historique, au lieu de réaliser l'unité ontologique pour nous sauver, creuse encore plus profondément ce fossé, cet abîme ou cette multiplicité ontologique pour nous engloutir pendant l'éternité.

Comment donc peut-il nous sauver, St.-Exupéry? Il nous dit ici comme le héros de La Chute de Camus après sa découverte du coup de génie: "Il faut faire comme Copernic, renverser pour triompher!" Nous ne sommes pas deux, mais un avec l'Etre. Ce n'est pas la dualité qui est l'essence de la vie et de l'univers, mais l'unité. L'Etre est un, un et divin. Donc les mots-clés: unité et divinité de l'Etre, de la vie et de l'univers, et lien universel ou "noeud divin qui noue" ou qui lie chacun de nous à l'Etre comme le cordon ombilical nouant l'enfant à sa mère. C'est dans l'Etre ou "Dieu que nous avons l'être, la vie et le mouvement". Nous sommes, comme toutes les créatures, d'infimes parties du corps mystique, ou des branches de l'arbre comsique ou de la vigne évangélique. Nous sommes nés de Dieu, nous vivons la vie de Dieu, et après la mort du corps, nous rentrons en Dieu: "Dieu te fait naître, nous dit St.-Exupéry, te fait grandir, te remplit successivement de désirs, de regrets, de joies et de souffrances..., puis Il te rentre en Lui... Et si tu sais te découvrir branche balancée, bien accrochée à l'olivier, tu goûteras dans tes mouvements l'éternité. Et tout autour de toi se fera éternel..."[2]

Bien sûr, ce message de l'unité et de la divinité de l'Etre et de la vie n'est pas nouveau. Nous avons eu des sauveurs, des prophètes et des mystiques, et la "bonne nouvelle" a été proclamée et répétée tout le long de l'histoire de l'humanité. La prière sacerdotale: "Que tous soient un. Comme Toi, Père, Tu es en moi et moi en Toi, qu'eux aussi soient un en nous...", résonne encore le long des siècles. Mais, étant donné la conscience

---

[2] Citadelle, in Oeuvres, p. 514.

du moi, et comme ces sauveurs ne prêchaient pas le salut, mais l'annihilation, le sacrifice ou le "nirvana" du moi et du monde physique, l'homme ne les comprend pas, et pour finir, ou bien il les condamne à mort ou à la crucifixion, ou bien il les relègue au fond des églises, ou au plus haut des cieux, pour qu'il puisse continuer à préserver et idolâtrer son moi et sa vie personnelle.

La raison en est bien simple: L'homme vient d'obtenir sa deuxième phase de conscience, la conscience du moi ou conscience réfléchie. C'est un cadeau tout nouveau de la Nature et de son évolution. L'homme, encore enfant, en est fasciné, enivré, intoxiqué. Son moi qu'il vient de découvrir, c'est son fils unique, son Isaac. Et c'est vraiment surhumain de lui faire cette tentation d'Abraham, celui de sacrifier son fils unique à Dieu. Même s'il savait que Dieu Lui-même a sacrifié son fils unique pour lui, il refuserait tout de même de sacrifier le sien. Et son intelligence logique lui inventerait toutes les raisons possibles pour justifier son refus de mourir.

Mais ici aussi, St.-Exupéry nous dit encore de renverser pour triompher: D'abord, ce n'est pas le soleil qu'il faut faire tourner autour de la terre, mais cette dernière autour du premier. Ce n'est pas le Soi ou l'Etre qui tourne autour du moi, mais c'est le moi qui doit se sacrifier pour l'Etre ou le Soi.

Ensuite, il n'y a point de mort. La vie, étant une et divine, est immortelle et éternelle. "On ne meurt pas, nous dit l'auteur de Pilote de Guerre. On s'imaginait craindre la mort: On craint l'inattendu, l'explosion, on se craint soi-même. La mort? Non...L'homme ne se retranche pas, s'il meurt: il se confond. Il ne se perd pas: il se retrouve..."[3]

La mort n'est que celle du corps, et l'homme n'est pas son corps, il est esprit: Le corps est de lui et non pas lui. Le corps? Une vieille écorce qu'on abandonne. La mort n'est donc qu'une métamorphose, une naissance à un état d'être supérieur, une transformation en plus haut que soi. La chenille meurt pour devenir papillon, la graine meurt pour devenir plante, l'enfant meurt pour devenir l'écolier, l'écolier meurt pour devenir l'homme marié, l'homme marié, le vieillard, et le vieillard, pour s'accomplir en Dieu:

---

[3]Pilote de Guerre, in Oeuvres, p. 347.

Mourir, c'est simplement devenir: "Cependant, nous dit St.-Exupéry, tu n'es ni cet écolier, ni cet époux, ni cet enfant, ni ce vieillard. Tu es celui qui s'accomplit. Et si tu sais te découvrir branche balancée, bien accrochée à l'olivier, tu goûteras dans tes mouvements l'éternité..."[4]

Mais pour comprendre le sens de la vie et de la mort au-delà du corps, du moi et du monde physique, il faut d'abord devenir: Devenir encore plus conscient et dépasser le stade actuel de la conscience du moi, pour atteindre la troisième phase, celle de la conscience du Soi... L'home y verra qu'il vit la vie de l'Etre, ou qu'il est de l'Etre, comme la chenille est du papillon, comme la graine est de l'arbre, mais qu'il leur faut d'abord, pour la chenille, dépasser la chrysalide et dévorer son cocon, et pour la seconde, être enterrée et pourrir dans la terre: "Puisqu'il suffit, pour nous délivrer, de nous aider à prendrre conscience d'un but qui nous relie les uns aux autres, nous dit l'auteur de Terre des Hommes, autant le chercher là où il nous unit tous... Quand nous prendrons conscience de notre rôle, même le plus effacé, alors seulement nous serons heureux. Alors seulement nous pourrons vivre en paix et mourir en paix, car ce qui donne en sens à la vie donne un sens à la mort".[5]

Et pour devenir plus conscient, il faut transformer ou échanger encore davantage notre moi et notre corps en énergie spirituelle de la conscience à travers la souffrance ou l'action sacrifice. La souffrance chez St.-Exupéry n'est pas ce mal à éviter ou à maudir, mais c'est l'action alchimique à bénir comme chez Baudelaire, l'action créatrice d'énergie spirituelle, l'action par excellence de spiritualisation et de divinisation. Il aurait fait sienne la déclaration de Proust: "Chaque personne qui nous fait souffrir peut être rattachée par nous à une divinité dont elle n'est qu'un reflet fragmentaire et le dernier degré... Tout l'art de vivre, c'est de ne nous servir des personnes qui nous font souffrir que comme d'un degré permettant d'accéder à leur forme divine et de peupler ainsi joyeusement notre vie de divinités"[6]

---

[4]Oeuvres, p. 514.

[5]Oeuvres, p. 256.

[6]Marcel Proust, A la Recherche du Temps perdu, tome III, Bibl. de la Pléiade, 1954, p. 899.

Et c'est ici que réside l'essentiel du message st.-exupérien: celui du sacrifice créateur. Pour lui l'homme ne peut vivre que de ce qu'il transforme: "Comme tu es, tu es mort", dit-il. Pour vivre, il faut donc se créer, naître de nouveau. Et se créer ou naître veut dire se transformer ou se sacrifier, car il n'y a qu'une seule vie, celle de Dieu, et un seul mode de création, celui du sacrifice créateur de Dieu, la vie séparée et la création ex nihilo n'existant pas.

"L'acte essentiel ici a reçu un nom. C'est le sacrifice, nous dit-il. Sacrifice ne signifie ni amputation, ni pénitence. Il est essentiellement un acte. Il est don de soi-même à l'Etre dont on prétendra se réclamer... La fraternité se noue dans le seul sacrifice. Elle se noue dans le don commun à plus vaste que soi... Si nous savons fonder notre Communauté, et si, pour la fonder, nous usons du seul instrument qui soit efficace: le sacrifice... J'ai fondé mon amour pour les miens par ce don du sang, comme la mère fonde le sien par le don du lait. Là est le mystère. Il faut commencer par le sacrifice, pour fonder l'amour. L'homme doit toujours faire les premiers pas. Il doit naître avant d'exister".[7]

Ce message du sacrifice créateur a une résonnance universelle et cosmique. Le sacrifice est en effet le prmier et le dernier principe, l'alpha et l'oméga du monde: Ce dernier a été créé par le sacrifice, vit par le sacrifice et meurt par le sacrifice: "Le sacrifice est l'unique réalité, nous dit Sylvain Lévi, il est à la fois le créateur et la création; tous les phénomènes de l'univers en sont le simple reflet et lui empruntent leur semblant d'existence."[8]

Toutes les cosmogénèses mythiques nous racontent que le monde est né ou d'un cadavre, ou d'une goutte de sang, ou d'une larme, c'est à-dire de la mort, ou de la souffrance d'un dieu ou d'une déesse. La psychologie de profondeur nous affirme de son côté que l'homme est toujours hanté par un certain sentiment vague d'un parricide qu'il n'a jamais commis. Ce souvenir subconscient peut s'expliquer, non, certes, par ce soi-disant meurtre du père

---

[7]Pilote de Guerre, Oeuvres, pp. 377, 380, 382.

[8]La Doctrine du Sacrifice dans les Brâhamanas, Ernest Leroux Editeur, Paris, 1898, p. 10.

commis par les grands garçons du système patriarcal pour avoir les jeunes femmes de leur père, comme le prétend la psychologie sexuelle et sans âme de Freud, mais plus sûrement par ce sacrifice primordial du Dieu le Père qui mourut, au début de la création, pour que ses enfants créatures pussent naître. La création et le sacrifice sont donc identiques. Et c'est de cet acte créateur et sacrificiel primordial que le sacrifice devient le modèle et le principe archétypal de toute vie et de toute création: Nous naissons et vivons de la mort ou du sacrifice du Créateur, et à son tour, le Créateur renaît ou ressuscite de notre mort ou de notre sacrifice: Une transformation circulaire, deux mouvements complémentaires de la vie universelle, la systole et la diastole du Coeur cosmique: l'Uroburos de l'alchimie.

C'est pour cette raison que toutes les religions demandent le sacrifice. Il est la nourriture, le pain quotidien exigé par les dieux, comme nous prions pour le nôtre: "Je veux que ton Dieu te soit plus réel que le pain où tu plantes tes dents", nous déclare St.-Exupéry. Dieu et homme, Créateur et créature, vivent et meurent tour à tour l'un pour l'autre, dans un cercle vertueux de dons d'amour: "Le sens du sacrifice n'est pas épuisé dans le fait qu'on sacrifie au dieu, nous dit Cassirer. Bien plutôt, il semble n'apparaître pleinement et ne se révéler dans sa particulière profondeur religieuse et spéculative que là où le dieu lui-même est offert en sacrifice. Dans le fait qu'il souffre et meurt, dans le fait qu'il s'incarne dans l'existence physique et finie, et se trouve en elle voué à la mort, s'accomplit réciproquement la promotion de cette existence finie jusqu'au divin et sa libération de la mort. Les grands cultes à mystère se meuvent tout entiers dans le mystère premier de cette libération que rend possible la mort du dieu."[9]

En d'autres termes, comme l'homme est esprit fait chair, et comme la chair est passagère, pour vivre éternellement, il faut que la chair se sacrifie ou se tranforme pour redevenir esprit: c'est ce que St.-Exupéry appelle se créer ou renaître ou vivre de ce qu'on transforme. Pour que l'esprit ou le Soi puisse vivre, le moi ou la chair doit mourir, car l'esprit se nourrit de la chair, comme la lumière ou le feu se nourrit de l'huile. L'homme est un cierge allumé dont la lumière ni vit qu'en consumant sa cire ou sa propre chair:

---

[9] Cité par Jean Cazeneuve, in Rites et Condition Humaine PUF Paris 1958, p. 430.

Lumière ou feu que Zénon a défini comme l'âme humaine et universelle; feu (foyer en latin) et lumière dont Baudelaire a fait le symbole de la divinité:"...pure lumière, dit-il puisée au Foyer saint des rayons primitifs, et dont les yeux mortels dans leur splendeur entière, ne sont que des miroirs obscurcis et plaintifs".[10] "J'aime que l'homme donne sa lumière, nous déclare le roi berbère de Citadelle. Et peu m'importe le cierge gras. A sa seule flamme, je mesure sa qualité".[11] Et s'adressant aux otages de la Guerre, l'auteur déclare: "...c'est bien vous qui nous enseignez. Ce n'est pas à nous d'apporter la flamme spirituelle à ceux qui la nourissent déjà de leur propre substance comme d'une cire..."[12]

C'est sans doute pour ce symbolisme de sacrifice et de transformation que l'on a coutume d'allumer un cierge ou une baguette d'encens quand on prie, voulant dire, symboliquement, qu'on s'identifie au cierge ou à l'encens pour se consumer et s'offrir en nourriture à l'Esprit. Le même symbolisme peut se trouver encore dans la présence des veilleuses devant tous les tabernacles du monde, du feu sacré sur l'autel des Vestales, des lampes bien remplies d'huile et bien allumées des vierges attendant le divin fiancé de l'Evangile, du culte du feu et du foyer, et surtout de la torche allumée des Jeux olympiques, pour montrer à l'humanité que l'homme ne peut exceller dans les vertus olympiques ou divines que par son propre sacrifice: Olympes, séjour des dieux; et sacrifice, leur seule nourriture. Le sacrifice par le feu nous rappelle aussi l'anecdote de Sartre sur le plaisir "métaphysique" de fumer: Fumer c'est offrir au fumeur la fumée qui est le résultat du sacrifice crématoir du tabac, symbole de la matière et du monde physique: Le plaisir métaphysique de furmer consiste donc à sentir ce monde brûlé et sacrifié en offrande à la glorie du fumeur, comme Rome brûlée pour la gloire, le plaisir et l'inspiration poétique de Néron.

Tout homme qui veut vivre la vie divine ou la vie de l"Esprit doit donc être un "allumeur de réverbères", c'est-à-dire un transformateur de la matière

---

[10]Baudelaire, La Bénédiction, Les Fleurs du Mal.

[11]Citadelle, in Oeuvres, p. 571.

[12]Lettre à un Otage, in Oeuvres, p. 404.

ou de la chair en lumière, mais à condition d'être un allumeur conscient. C'est pour cette raison que le petit prince aime et respecte tellement son allumeur de réverbères sur une planète déserte sans maison ni population: "Au moins son travail a-t-il un sens, nous dit-il. Quand il allume son réverbère, c'est comme s'il faisait naître une étoile de plus, ou une fleur". Seulement il ne peut pas rester avec lui ni faire de lui son ami, parce que c'est un allumeur inconscient, automate en sans âme: tout ce qu'il veut dans la vie, c'est dormir, c'est-à-dire abolir la conscience.

Mais l'image de la chair la plus chérie de notre coeur, celle que nous "adorons" comme notre Isaac, notre fils unique, c'est le moi et ses possessions personnelles. Ce moi que St.-Exupéry appelle "un hasard personnel", et que Senancour a appelé "une expression accidentelle de l'harmonie éphémère", ou "une succession d'impressions qui doit nécessairement finir avec la décomposition des organes",[13] et que Dr. Roger Godel a appelé "le résultat des engrammes nerveux"[14], c'est ce moi que nous cherchons partout et toujours à ne pas sacrifier, mais à sauver.

Il constitue cependant notre meilleure monnaie d'échange contre plus grand que nous: Le moi et ses possessions personnelles nous ont été donnés, non pour garder, comme nous le faisons d'ordinaire, ou comme le faisait le mauvais serviteur de l'Evangile avec ses talons d'or, mais pour les échanger contre quelque chose de plus grand, infiniment plus grand, comme dans les contes de fée. Car nous pourrons, avec notre conscience comme semence divine, les transformer en divinité, et ainsi recréer Dieu en nous, par nous et pour nous.

Tous les héros st.-exupériens nous donnent l'exemple de cette volonté de transformation et d'échange. Ainsi, Bernis, le héros de *Courrier Sud*, meurt en sacrifice "sur une dune, les bras en croix, face au village d'étoiles". Et l'auteur a dit de lui: "Il me semble qu'un enfant s'apaise..., que ce

---

[13] Senancour, Oberman, Union générale d'Editions, Paris 1965, p. 288; Senancour, Rêveries, Librairie E. Droz, Paris 1939, p. 24.

[14] Dr. Godel, Essais sur l'Expérience libératice.

frémissement de voiles, de mâts et d'espérances entre dans la mer... Dans l'étoile la plus verticale a lui le trésor, ô fugitif!"[15].

Ainsi, Rivière, l'homme dur de *Vol de Nuit*, à la suite de Bernis et à l'instar des rois Incas, poursuivait l'éternité par le sacrifice de soi: "Mais durer, dit-il, mais créer, échanger son corps périssable".

Ainsi, et surtout le héros de *Pilote de Guerre*, l'auteur lui-même, a fondé le principe de toute relation et de toute communauté dans l'Etre sur le don et le sacrifice de soi: Il eût pu déclarer comme l'auteur de *L'Homme révolté*: "Je me sacrifie, donc nous sommes".

Ainsi, le petit prince a accepté la mort sacrificielle et, à travers l'agent alchimique du serpent, transmuta son corps en étoile brillante dans le désert, symbole de l'anéantissement et du sacrifice total!" J'aurai l'air d'être mort, et ce ne sera pas vrai, dit-il au pilote. Tu comprends, c'est trop lourd. Je ne peux pas enmporter ce corps-là. C'est trop lourd!"

Et à son tour, le roi berbère lui fait écho dans *Citadelle*: "Je suis fatigué de moi qui suis lourd à porter, et qui ai besoin, pour entrer en Dieu, de me dévêtir de moi-même."

Le résultat de ce sacrifice est la transformation et la révélation de la conscience, comme la lumière est le résultat de la circe qui se consume. Par son sacrifice, l'homme st.-exupérien dépasse le stade de la conscience du moi ou de la dualité, pour atteindre celui de la conscience cosmique de l'unité et de la divinité de la vie et du monde: C'est bien le résultat du devenir: "S'ouvrent pour lui les empires spirituels et l'éblouissent les apparitions qui sont non pour les yeux ni pour l'intelligence, mais pour le coeur et l'esprit.

La mort et la souffrance, si révoltantes aux yeux de la conscience du moi, deviennent un processus naturel de transformation et d'échange chez l'homme de la conscience cosmique: Rien ne se perd, rien ne se crée ex nihilo, tout n'est qu'échange et transformation de l'énergie divine. Si la vie est une et divine, notre mort et nos souffrances sont aussi celles de Dieu qui, comme le dit Edgar Poe, se les impose Lui-même pour vivre la vie de ses créatures. Nous souffrons, mais nous ne souffrons pas seuls ni pour rien, mais avec Dieu et pour Dieu, ou pour notre propre bien, notre divinité. La

---

[15]*Courrier Sud*, in Oeuvres, p. 71.

souffrance et la mort perdent ainsi leur méchanceté et leur absurdité et gagnent infiniment en utilité et efficacité: nous souffrons et mourons pour recréer ou redonner naissance à l'Etre dont nous sommes, l'Etre ou le Créateur qui s'est sacrifié pour nous. Nous sommes comme ces amantes d'Oziris qui se lamentent et rassemblent les parties dispersées du corps du dieu pour qu'il ressuscite. Mort et souffrance? Rien d'autre que des actes d'amour et des pouvoirs créateurs et divinisateurs.

La question de l'existence du mal dans le monde s'explique aussi, aux yeux de cette conscience cosmique, par la raison même de l'existence du monde et son devenir: Si le monde était parfait, il cesserait d'exister, car il serait identique à Dieu, il serait Dieu, et il n'y aurait plus de création ni incarnation ni évolution. Pour qu'il y ait création, il faut que celle-ci soit imparfaite, puis petit à petit, après un long processus du devenir, deviendra parfaite comme "le Père est parfait": "Cette sainte création où rêvait le prophète, nous dit Victor Hugo, pour être, ô profondeur, devait être imparfaite". On y peut voir aussi, avec Simone Weil, la preuve de l'amour de Dieu pour Lui-même: Il voulait se mettre à l'épreuve s'il pourrait s'aimer dans l'imperfection, la séparation et la distance, et Il s'exila ainsi de Lui-même, dans la création, aussi loin que possible, jusqu'à la terre où Il s'arrêta ("terra", c'est "arrêt" renversé): Nous nous trouvons donc au point le plus éloigné de la perfection divine!

Le moi, si important aux yeux de la conscience du moi ou de la dualité, devient tout juste un petit "hasard personnel", ou une illusion aux yeux de la conscience cosmique. Le caractère illusoire du moi nous rappelle aussi la leçon d'un maître bouddhiste, Nagasen: Invité un jour de venir enseigner la sagesse du Bouddha au vice-roi de l'Inde, il lui fit dire en ces termes: "Je viendrai très volontiers, mais sachez bien que le moi de Nagasen n'existe pas. "Intrigué par cette réponse illogique, le vice-roi alla à la rencontre du Maître à l'entreé du palais royal avec toute sa cour, et lui posa cette question: "Très honoré Maître, pourriez-vous nous expliquer comment vous pouvez venir sans exister? Pour venir, il faut d'abord exister: Vous venez, donc vous existez"!

Avec un sourire, Nagasen, montrant au vice-roi le carrossee royal dans lequel il est venu, lui demanda poliment en touchant du doigt les chevaux:" Sont-ils le carrosse, ces chevaux?
- Non, répondit le vice-roi. Ils tirent seulement le carrosse.
- Enlevez-les, dit le Maître à ses suivants. Puis montrant les roues, il demanda au vice-roi: "Et ces roues, sont-elles le carrosse?
- Non, répondit celui-ci.
- Enlevez-les donc", dit-il à ses suivants. Puis montrant la carrosserie, il demanda de nouveau au vice-roi: "Et celle-ci"
- Non plus, dit le vice-roi.
- Enlevez-la donc", dit-il à ses suivants. Et vers la fin, quand il n'y eut plus rien à montrer, il demanda au vice-roi: "Où est le carrosse? Il n'existe pas. Ce sont les parties qui composent le carrosse: Les parties enlevées, il n'y a plus de carrosse. C'est la même chose avec Nagasen: Ce sont les lignes d'énergie qui se rassemblent et s'entre-croisent et forment l'individu Nagasen. Les lignes séparées, Nagasen n'existe plus! Tout juste un jeu passager des atomes! La matière? Une illusion, un jeu d'énergie."[16]

La science non plus ne trouve rien dans la matière après ses protons, ses neutrons et ses électrons..., rien qu'une énergie immatérielle, une équation mathématique qui coïncide avec la conscience du savant; et cette coïncidence et cette "concordance" s'appelle connaissance. Et l'homme lui-même est aussi comparé à un oignon à peler: pelure après pelure, couche après couche, on ne trouve rien à l'intérieur Ce qui constitue l'homme, le monde ou la matière est invisible. Pour la conscience cosmique, la matière est énergie, comme pour la science: Einstein ne nous a-t-il pas donné sa fameuse équation: "E - Mc2"? Le monde, comme l'homme, est esprit. Et le vrai bonheur de l'homme ne pourra se réaliser que quand, après ce long processus de transformation, d'échange et de devenir à travers le sacrifice et la souffrance, il prendra conscience de cette spiritualité et de cette divinité du monde et de lui-même.

---

[16] Cité par Bhagwan Shree Rajneech, in Only One Sky, E. P. Dutton & Co., New York 1975, p. 14-15.

C'est par ce côté spiritualiste et sacrificiel de sa pensée que St.-Exupéry est souvent appelé mystique, et même "mystique sans la foi"! On aurait dû dire: "sans la foi ecclésiastique ou dogmatique", car il doit avoir cette foi cosmique qui l'apparente à tous les mystiques de toutes les écoles. Mystique "sans fond" plutôt, entendu dans le sens d'"élargi dans l'infini sans fond" de Victor Hugo, c'est-à-dire sans frontières et sans limites. Ou si l'on veut, et comme l'entend ironiquement Teilhard de Chardin, mystique de "confusion", car il confond l'home en Dieu, ou le fusionne avec Dieu dans une "ténébreuse et profonde unité" cosmique, avec cette couleur monistique et panthéistique qui nous fait penser à des noms ou traditions innombrables: Vedantistes, Stoïciens, Plotiniens, Néoplatoniciens, Spinoza, Victor Hugo, Lamartine, Edgar Poe, Gérard de nerval, Jules Romains, Simone Weil, Romantiques et symbolistes...et même St. Paul et le Christ: Le mot "En Pasi Panta Theos" est de St. Paul, et les mots "dei estis", et "mon Père et moi sommes un" sont du Christ. D'ailleurs dans *Pilote de Guerre*, St.-Exupéry proclame sa foi en ces "valeurs chrétiennes et héritières de Dieu", c'est-à-dire venues directement du Christ et de Dieu, sans intermédiaire d'aucune sorte, si ce n'est celui de sa propre conscience.

Par son côté existentialiste, et aussi étrange que cela puisse nous sembler, il nous rappelle surtout J. P. Sartre qui veut que "l'existence précède l'essence". Pour St.-Exupéry aussi, on doit créer l'essence à travers son existence, selon la loi de transformation et d'échange. Il pourrait aussi faire sienne l'idée de la psychanalyse existentielle sartrienne qui soutient que l'homme ou le pour-soi vit du sens des choses et non des choses, et que ce que l'homme cherche symboliquement dans les actes et les choses, c'est la plénitude de l'Etre, ou la synthèse ontologique de l'Etre-en-soi-cause-de-soi, ou Dieu: "L'homme se fait homme pour être Dieu", nous déclare Sartre. La différence fondamentale cependant est l'absence de "commune mesure", de "lien", de "noeud" entre Dieu et l'homme chez Sartre qui, malgré sa grande intuition, reste toujours un philosophe de dualité. Et de là la conclusion: "La notion de Dieu est contradictoire", et "l'homme est une passion inutile", tandis que l'homme est une passion ou une semence divine chez St.-Exupéry qui demeure un mystique d'unité.

Par son côté évolutionniste, il nous rappelle Teilhard de Chardin, mais avec une différence essentielle: Le Père Teilhard condamne la "confusion" en Dieu, soutient "l'union différienciée", et par conséquent, une certaine dualité de l'égo, et se déclare "vrai panthéiste"!

Par son côté "transformiste et idéaliste", il nous rappelle Marcel Proust, C. G. Jung et les Alchimistes... La déclaration proustienne: "Les jours heureux sont des jours perdus" correspond à celle de St.-Exupéry:"...arrache-le à son bonheur et jette-le dehors afin qu'il devienne". L'auteur de *Citadelle* pourrait aussi faire sienne la philosophie de transformation proustienne: "Laissons se désagréger notre corps, nous dit Proust, puisque chaque nouvelle parcelle qui s'en détache vient, cette fois lumineuse et lisible, pour la compléter au prix de souffrances dont d'autres plus doués n'ont pas besoin, pour la rendre plus solide au fur et à mesure que les émotions effritent notre vie, s'ajouter à notre oeuvre".[17] "Oeuvre" ici peut être entendue dans le sens d' "Opus" des Alchimistes, l'Oeuvre par excellence, la pierre philosophale dont l'Or pur pourrait nous racheter ou nous sauver, symbole de la divinité ou de la conscience cosmique.

Mais le "grand oeuvre alchimique ou de la conscience cosmique ne peut se réaliser sans la liquéfaction ou la solution préalable de la matière grossière ou de la chair et de de son image, le moi: Le principe: "Solve et coagula" est partout et toujours de rigueur. Et tout comme le petit prince a dû être mordu par le serpent (serpens mercurialis) pour devenir l'étoile brillante dans le désert, le pilote St.-Exupéry a dû tomber dans l'eau de la Méditerrannée pour se dissoudre dans sa source océanique: "Meurs et tu deviendras un dieu, disparais, et tu deviendras le Tout. Ici disparaît la goutte d'eau, là apparaît l'océan", nous enseigne la sagesse orientale.[18] "Dieu est vrai, mais créé peut-être par nous", nous dit St.-Exupérry.[19] "Dieu notre fils

---

[17] Marcel Proust, A la Recherche du Temps perdu, Bibliothèque de la Pléiade, Gallimard Paris 1954, p. 906.

[18] Only One Sky, Dutton & Co., N.Y. 1975, p. 16.

[19] Carnets, p. 34-35.

est né là-bas, sous les toits, toutes les forces vont chanter", y fit écho le poète unanimiste, Jules Romains.

Mais comment savons-nous que ces âmes mystiques ou ces consciences cosmiques ont raison? La seule réponse de l'auteur est, de nouveau: notre évolution ou notre devenir: Dans notre devenir, nous avons vécu le passé cosmique, "la condensation des nébuleuses, le durcissement des planètes, la formation des premières amibes, le travail gigantesque de la vie qui achemine l'amibe jusqu'à l'homme". Autrement dit, nous avons, dans le cosmos et à travers le cosmos, traversé la géosphère, la biosphère, pour atteindre la noosphère ou sphère de la conscience; puis dans celle-ci, nous avons dépassé le stade de la conscience simple pour atteindre celui de la conscience réfléchie ou la conscience de la conscience. Et c'est ce passé cosmique qui nous garantit notre avenir cosmique: "L'avenir tel que les cieux le font, c'est l'élargissement dans l'infini sans fond", nous dit V. Hugo.

Mais nous n'avons pas à attendre la fin du devenir cosmique pour avoir notre salut. L'histoire de notre passé est aussi parsemée de présence des sauveurs et des prophètes. Et nous sommes assurés que ce qu'ont fait ces grandes âmes, nous aussi, nous pourrons le faire, et "même de plus grand". Richard Maurice Buck, l'auteur de l'étude de la conscience cosmique, nous assure de son côté que le nombre des cas de conscience cosmique augmente avec le temps, c'est-à-dire nous en avons maintenant dans notre histoire récente plus que nous n'en avions dans l'histoire ancienne. L'ontogenèse non seulement répète, mais aussi annonce la phylogenèse. Et le microcosme qu'est l'homme est cet "athanor" ou ce laboratoire alchimique où le Macrososme réalise ses grands rêves de création. La seule condition pour l'homme reste toujours cette éternelle tentation d'Abraham, ou cette tentation de Dieu de Lui sacrifier notre fils unique, notre moi, pour que le long processus de transformation s'accomplisse, tout comme la chrysalide dévorant son cocon pour devenir papillon. "Devenir" est donc

> notre mot de passe, comme le veut Victor Hugo:
> "Deviens l'humanité triple, homme, enfant et femme!
> Transfigure-toi! va! sois de plus en plus l'âme!
> Enclave, grain d'un roi, démon, larve d'un dieu,
> Prends le rayon, saisis l'aube, usurpe le feu;

Torse ailé, front divin, monte au jour, monte au trône,
Et dans la nuit sombre jette les peids du faune!"[20]

Mais à une condition: le sacrifice du moi, comme aussi l'exhortation d'Alfred de Musset, le poète de l'amour et de la souffrance par excellence:

"Dépouille devant tous l'orgueil qui te dévore!
Coeur gonflé d'amertume et qui t'es cru fermé,
Aime et tu renaîtras, fais-toi fleur pour éclore,
Après avoir souffert, il faut souffrir encore,
Il faut aimer sans cesse, après avoir aimé!"[21]

Aimer et souffrir, sacrifice et amour! Tous les deux ne se résument qu'en un seul chez St.-Exupéry: le "don". aimer et souffrir, c'est tout juste donner. Mais quoi et à qui donner? - "Notre corps et notre moi, et à Dieu, parce que nous les recevons de Lui, nous venons de Lui", nous répondit St.-Exupéry, Autrement dit, nous donns à Celui dont nous portons l'image ou l'effigie, notre créateur: retourner ou rendre à Dieu son dû, payer notre impôt, un impôt ontologique, comme le veut le commandement évangélique: "Rendre à Dieu ce qui est à Dieu, et à César, ce qui est à C ésar". Donner, c'est donc littéralement "sacrifier", ou rendre sacré, diviniser. Le don? Un devoir de justice, un devoir d'amour, un devoir divin, un devoir cosmique.

---

[20] Victor Hugo, La Légende des Siècles, Le Satyre.

[21] Alfred de Musset, La Nuit d'Août.

BIBLIOGRAPHIE

I. - Oeuveres de Saint-Exupery

Currier Sud, Gallimard, Collection: Le Livre de poche, Paris, 1965.

Vol de Nuit, Gallimard, Collection: Le Livre de poche, Paris, 1952.

Terre des Homes, Gallimard, Collection: Le Livre de poche, Paris, 1954.

Pilote de Guerre, Gallimard, Collection: Le Livre de poche, Paris, 1953.

Lettre a un Otage, Gallimard, Paris 1944.

Le Petit Prince, Gallimard, Paris, 1951.

Citadelle, Gallimard, Paris, 1948.

Carnet, Gallimard, Paris, 1953.

Lettres de Jeunesse, Gallimard, Paris, 1953.

Lettres a sa Mere, Gallimard, Paris 1955.

Un Sens a La Vie, Gallimard, Paris, 1956.

Oeuvres Completes, Gallimard, Paris, 1953.

II. - Travaux sur Saint-Exupery

Albèrès (R.-M.): Saint-Exupéry, La Nouvelle Edition, Paris, 1946

Anet (Daniel), Antoine de Saint-Exupéry, Corrêa, Paris, 1946.

Anet (Daniel), antoine de Saint-Exupéry, le chevalier pilote, La Baconnière, Suisse.

Bauer (Walter), der Gesang von Sturmvogel über Antoine de Saint-Exupéry, Bremen, F. Trügen, 1949.

Bottequin (Armond), Antoine de Saint-Exupéry, Bruxelles, A. de Boeck.

Bruce (Jean), Saint-Exupéry, pilote légendaire, Presses de la Cité, Paris.

Crane (Helen Elizabeth), L'Humanisme dans l'oeuvre de Saint-Exupéry, Evanston, Illinois, USA., 1957.

Chevrier (Pierre), Antoine de Saint-Exupéry, Gallimard, Paris, 1949.

Crisenoy (Maria de), Antoine de Saint-Expuéry, poète et aviateur, Spes, 1948.

Daurat (Didier), Saint-Exupéry tel que je l'ai connu, Liège, P. Aelberts.

Delange (René), La Vie de Saint-Exupéry. Suivie de Tel que je l'ai connu. . ., par Léon Werth, Editions du Seuil, 1948.

Estang (Luc), Saint-Exupéry par lui-même, Editions du Seuil.

Fargue (Léon-Paul), Souvenir de Saint-Exupéry, Liège, P. Aelberts, 1945.

Gascht (André), L'Humanisme cosmique de Saint-Exupéry, Bruges, A. G. Stainforth.

Huguet (Jean), Saint-Exupéry ou l'enseignement du désert, Editions du Vieux Colombier, Paris, 1956.

Ibert (Jean-Claude), Saint-Exupéry, Suivi de la Lettre au général X. Editions Universitaires, Paris-Bruxelles.

Kissel (Patrick), La Vie de Saint-Exupéry, Gallimard, Paris, 1954.

Le Hir (Yves), fantaisie et mystique dans "Le Petit Prince" de Saint-Exupéry, Nizet, Paris, 1954.

Migro (Marcel), Saint-Exupéry, Flammarion, Paris, 1958.

Moreau (Gérald), L'Humain chez Saint-Exupéry (Thèse d'Université), Poitiers 1957.

Paquier (Général Pierre), Antoine de Saint-Exupéry (S. L. N. D.).

Pélissier (Georges), Les Cinq Visages de Saint-Exupéry, Flammarion, Paris.

Rauch (Karl), Antoine de Saint-Exupéry, Mensch und Werk, Esslingen-Bechtle.

Roy (Jules), Passion de Saint-Exupéry, Gallimard, Paris, 1951.

Rumbold (Richard) et Steward (Lady Margaret), The winged Life. A portrait of antoine de Saint-Exupéry poet and airman, Londres, G. Weidenfeld, 1954.

Smith (Maxwell A.) Knight of the Air, Pageant Press, New York, 1956.

Vita (Jean), Saint-Exupéry, Jeunes Editions, Paris, 1956.

Wadsworth (Philip A.), Saint-Exupéry artist and humanist.

Zeller (Renée), La Vie secrète de Saint-Exupéry, Alsatia, Paris, 1950.

Zeller (Renée), L'Homme et le Navire de Saint-Exupéry, Alsatia, Paris, 1951.

INDEX DES MOTS

Action: . . . . p. 1
Alchimistes: . . . . p. 51
Allégorie: . . . . p. 80
Amour: . . . . p. 25, 26, 31, 56
Angoisse: . . . . p. 8, 9, 11,
. . . . 28, 29, 30, 71, 93, 95
Apprentissage: . . . . p. 19, 109, 110,
. . . . 111, 112, 113, 114, 115
Apprivoiser: . . . . p. 86, 87, 88, 89
Asension: . . . . p. 4
Attar: . . . . p. 116
Attendre: . . . . p. 30

Balzac: . . . . p. 114
Baobabs: . . . . p. 134
Baudelaire: . . . . p. 33, 34, 44,
. . . . 82, 101, 130
Blake, William: . . . . p. 77
Bucke, Richard Maurice: . . . p. 4,
. . . . 7, 12, 69
Beckett: . . . . p. 130, 131
Bergson, Henri: . . . . p. 45
Bonheur: . . . . p. 40, 96

Camus, Albert: . . . . p. 80
Cardinal, de Cuse: . . . . p. 114
Cathédrale: . . . . p. 65
Chardin, Pierre Teilhard de: p. 150
Chute originelle: . . . . p. 7
Cérémonial: . . p. 19, 106, 107, 116
Conscience (concentration): p. 89,
. . . . 104, 105
Conscience (évolution de la): . p. 6,
. . . . 127
Conscience simple: . . . . p. 7,
. . . . 118, 119

Conscience réfléchie: . . p. 7, 8, 9,
. . . . 10, 11, 12, 118, 119
Conscience cosmique: . . p. 12, 13,
. . . . . 14, 15, 16, 17, 18, 19, 51, 52,
. . . . 53, 54, 55, 56, 69, 74, 116, 118
Coleridge: . . . . p. 22
Christ: . . . . p. 13
Corps: . . . . p. 11, 12, 59,
. . . . 60, 61, 86, 87, 95, 96, 97
Cosmique: . . . . p. 13, 25,
. . . . 137, 145, 152
Cosmogonie: . . . . p. 145
Cristal d'amour: . . . . p. 26
Créer: . . . . p. 102, 105
Crucifixion: . . . . p. 107

Devenir, thèeme du: . . . . . . p. 1, 2
Devenir, définition du: . p. 1, 2, 3,
. . . . 4, 47, 48, 143
Devenir, cérémonial du: p. 19, 20,
. . . . 21, 22, 23, 24, 25,
. . . . 35, 106, 107, 108, 109
Discipline: . . . . p. 41, 42, 105
Divertissement: . . . . . p. 32, 33, 41
Divin, Dieu: . . . . p. 12, 13, 15,
. . . . 16, 17, 24, 27, 45, 46,
. . . . . . 67, 68, 69, 70, 77, 111, 112,
. . . . . 114, 115, 117, 137, 138, 142
Don: . . . . p. 21, 22, 76, 77, 78
Dualité: . p. 8, 9, 14, 139, 140, 142

Exchange: . . . . p. 20, 23,
. . . . 50, 51, 101, 147
Einstein, Albert: . . . . . p. 155, 167
Eléphant: . . . . p. 132
Enfant, enfance: . . . . p. 118, 119,

.... 120, 121, 125
Esprit: p. 62, 63, 64, 81, 85, 95, 98
Esotérique: .... p. 81
Essence: .... p. 63, 139, 151
Eternité: .... p. 42, 43, 44, 45, 136
Etoile: .... p. 136
Etre: .... p. 1, 29, 64,
.... 65, 66, 67, 68, 69, 70, 76
Etre de: .... p. 110
Evasion: .... p. 33, 34
Evoluer: .... p. 6
Existence: .... p. 20, 23, 63,
.... 75, 139, 140, 151

Fromm, Erich: .... p. 31

Graal, Saint: .... p. 107
Grandir: .... p. 14

Heidegger: .... p. 37
Homme: .... p. 66, 67, 70, 99, 115
Hugo, Victor: .... p. 12, 13,
.... 34, 50, 101, 131

Identification: .... p. 45
Immortalité: .... p. 45
Intelligence logique: ... p. 10, 11,
.... 12, 59, 61, 97
Jung, Carl Gustav: .... p. 7, 12

Kafka: .... p. 130

Lamartine, Alphonse de: p. 31, 35,
.... 37, 82, 135
Langage: .... p. 128
Lévi, Sylvain: .... p. 144
Liens de relations: .. p. 54, 55, 65,
.... 72, 75, 76, 77, 78, 87, 109, 117

Mal: .... p. 149
Mallarmé: .... p. 125, 126
Manque: .... p. 20, 30
Migration: .... p. 129, 107
Métamorphose: .... p. 80
Mircéa, Eliade: .... p. 69
Moi: .... p. 10, 11, 12,
.... 59, 60, 116, 149
Moments privilégiés: ...... p. 73
Mort: .... p. 18, 37, 59,
.... 80, 91, 114, 115, 136, 143
Mue, mutation: ...... p. 3, 36, 47
Mouton: .... p. 132
Musset, Alfred de: ..... p. 57, 153
Mystique: .... p. 40, 150, 151

Naître: .... p. 47, 63, 80,
.... 91, 98, 100, 115, 125
Navire: .... p. 43, 65
Nerval, Gérard de: .... p. 13
Noeuds de relations: ..... p. 110,
.... 111, 117
Nostalgie: .... p. 49, 50
Numineux: ...... p. 40, 44, 48, 76

Paul, Saint: .. p. 25, 32, 67, 69, 70
Pèlerinage: .... p. 107
Paradis: .... p. 107
Poe, Edgard Allan: .. p. 7, 12, 114
Pope, Alexander: ...... p. 12, 113
Phares: 43
Planètes: .... p. 126, 128
Plénitude: .... p. 48, 63
Plotin: .... p. 130
Petit Prince: .... p. 84
Prison: .... p. 47
Proust, Marcel: .... p. 20, 122
Pureté: .... p. 90

Religion: . . . . p. 32, 41, 140
Remède: . . . . p. 28, 29
Renoncement: . . . . . . p. 50, 51, 52
Renard: . . . . p. 83, 124
Résurrection: . . . . p. 107
Rêve: . . . . p. 120, 121, 125
Romains, Jules: . . . . p. 12, 69
Rose: . . . . p. 82, 91, 124, 133

Sacrifice: . . . . p. 36, 38, 40,
. . . . . 42, 50, 51, 52, 63, 75, 76, 87,
. . 101, 102, 103, 108, 144, 145, 146
Sartre, Jean-Paul: . . . . . p. 29, 37,
. . . . 45, 117
Serpent: . . . . . p. 84, 131, 132, 133
Soi: . . . . p. 62
Soleil: . . . . p. 135
Solitude: . . . . p. 84, 85, 87, 95
Souffrance: . p. 22, 23, 75, 76, 108
Subconscient: . . . . p. 12, 121
Surréalistes: . . . . p. 69
Symbboles: 43, 128, 129, 146

Temple: . . . . p. 43
Testament: . . . . p. 80, 101
Toulet, Paul-Jean: . . . . . p. 35, 69
Tout: . . . . p. 38, 113
Transformation: . . . . . p. 4, 20, 21,
. . . . . 23, 37, 40, 100, 108, 144, 147
Travers (voir à travers): . . . . . p. 15
Trésor: . . . . p. 36, 37, 94

Unité: . . . . p. 7, 13, 14,
. . . 15, 44, 45, 50, 63, 110, 117, 142

Valéry, Paul: . . . . p. 132
Vie: . . . . p. 37, 107, 114, 137
Visage: . . . . p. 110, 111
Vision: . . . . p. 120, 121, 122

Vivre: . . . . p. 18
Vol: . . . . p. 33, 34, 130
Volcans: . . . . p. 8, 31, 133
Voltaire: . . . . p. 31
Voyage: . . . . p. 30, 33, 34, 78

Wordsworth: . . . . p. 120

Zeller, Renée: . . . . p. 120

STUDIES IN FRENCH LITERATURE

1. Gerald Groves (trans.), **Germain Nouveau's Symbolist Poetry 1851 - 1920: *Valentines***
2. Anne-Marie Brinsmead, **Strategies of Resistance in** *Les Liaisons Dangereuses:* **Heroines in Search of "Author-ity"**
3. Jean-Jacques Thomas (compiler), **Concordance de** *Poemes* **by Yves Bonnefoy**
4. Jean-Jacques Hamm and Gregory Lessard (compilers), **Concordance to Stendhal's** *Armance*
5. Leonora Timm (trans. & ed.), **A Modern Breton Political Poet - Anjela Duval: A Biography and An Anthology**
6. Sharon Harwood-Gordon, **The Poetic Style of Corneille's Tragedies: An Aesthetic Interpretation**
7. David Bryant, **The Rhetoric of Pessimism and Strategies of Containment in the Short Stories of Guy de Maupassant**
8. Pierre Nguyen-Van-Huy, **Le devenir et la conscience cosmique chez Saint-Exupéry**
9. Roxanne Hanney, **The Invisible Middle Term in Proust's** *A La Recherche Du Temps Perdu*
10. Michael G. Paulson, **A Critical Analysis of de La Fayette's** *La Princesse de Clèves* **as a Royal Exemplary Novel: Kings, Queens, and Splendor**
11. Jeri Debois King, **Paratextuality in Balzac's** *La Peau de Chagrin: The Wild Ass's Skin*
12. Emile Zola, **My Hatreds/***Mes Haines,* translated and with an introduction by Palomba Paves-Yashinsky and Jack Yashinsky
13. Larry W. Riggs, **Resistance to Culture in MoliÉre, Laclos, Flaubert, and Camus: A Post-Modernist Approach**
14. Alphonse de Lamartine, **Poetical Meditations/Méditations Poétiques**, translated and with an introduction by Gervase Hittle
15. Jehan de Paris, **The Romance of Jehan de Paris/Le Romant de Jehan de Paris**, Guy R. Mermier (trans.)
16. Gerald Macklin, **A Study of Theatrical Vision in Arthur Rimbaud's** *Illuminations*
17. Maxwell Adereth, **Elsa Triolet and Louis Aragon: An Introduction to Their Interwoven Lives and Works**
18. Christopher Todd, **A Century of French Best-Sellers (1890-1990)**
19. Anne Judge and Solange Lamothe, **Stylistic Developments in Literary and Non-Literary French Prose**

20. Thomas J. McCormick, **A Partial Edition of** *Les Fais Des Rommains* **with a Study of its Style and Syntax: A Medieval Roman History**
21. Judy Cochran (trans./ed.), **Selected Poems of Andrée Chedid**
22. Edmund J. Campion, **Montaigne, Rabelais, and Marot as Readers of Eramus**